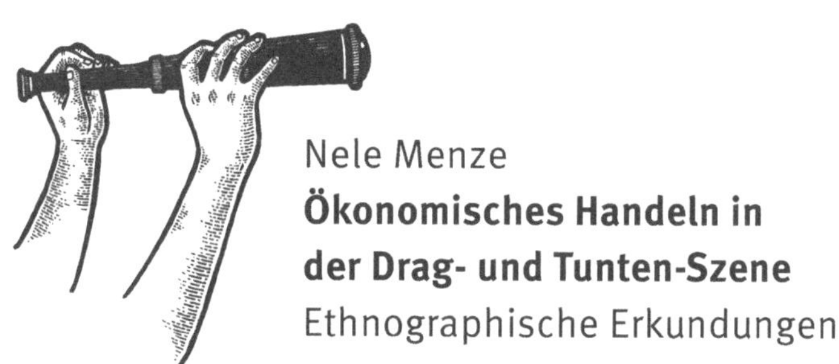

Nele Menze

Ökonomisches Handeln in der Drag- und Tunten-Szene

Ethnographische Erkundungen

Fördeblick
Kieler Schriften zur Alltagskultur
Band 2

Herausgegeben von
Christine Bischoff und Sonja Windmüller

Nele Menze

Ökonomisches Handeln in der Drag- und Tunten-Szene

Ethnographische Erkundungen

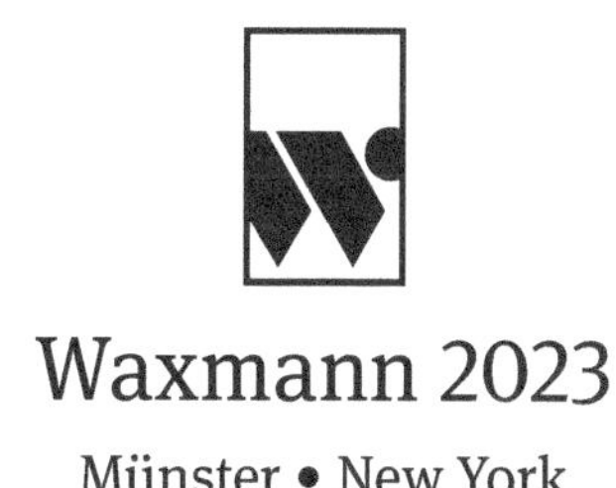

Waxmann 2023
Münster • New York

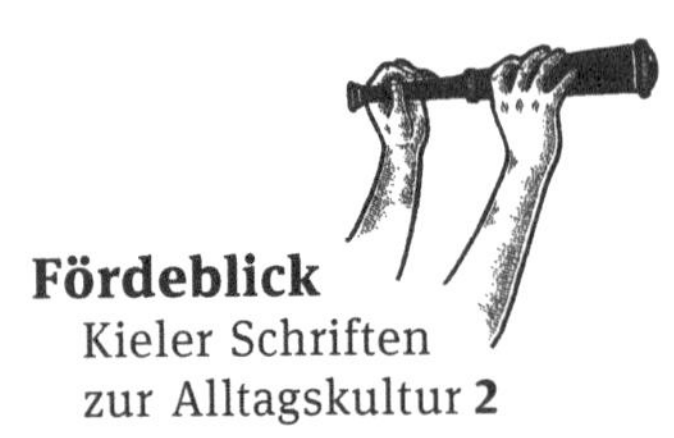

Fördeblick
Kieler Schriften
zur Alltagskultur **2**

Bei dieser Publikation handelt es sich um die überarbeitete Fassung der 2019 im Fach Europäische Ethnologie/Volkskunde an der Christian-Albrechts-Universität zu Kiel eingereichten Masterarbeit der Autorin.

Bibliografische Informationen der Deutschen Nationalbibliothek
Die Deutsche Nationalbibliothek verzeichnet diese Publikation in der Deutschen Nationalbibliografie; detaillierte bibliografische Daten sind im Internet über http://dnb.d-nb.de abrufbar.

Fördeblick – Kieler Schriften zur Alltagskultur, Bd. 2

ISSN 2747-5492
E-ISSN 2747-5506
Print-ISBN 978-3-8309-4656-4
E-Book-ISBN 978-3-8309-9656-9

www.waxmann.com
info@waxmann.com

Umschlaggestaltung: Satzzentrale GbR, Marburg
Umschlagabbildungen: Rebecca Brenner (High Heels), Alexander Pokusay – stock.adobe.com (Hände mit Fernrohr)
Satz & Layout: Satzzentrale GbR, Marburg
Druck: CPI Books GmbH, Leck

Gedruckt auf alterungsbeständigem Papier,
säurefrei gemäß ISO 9706

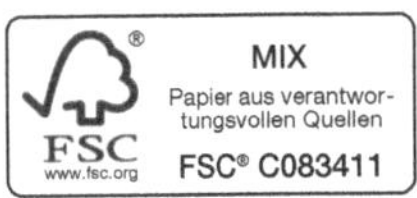

Dieses Buch wurde klimaneutral produziert.

Printed in Germany

Inhaltsverzeichnis

*Mein herzlicher Dank gilt allen Interviewpartner*innen für die Bereitschaft, ihre Geschichten zu teilen.*

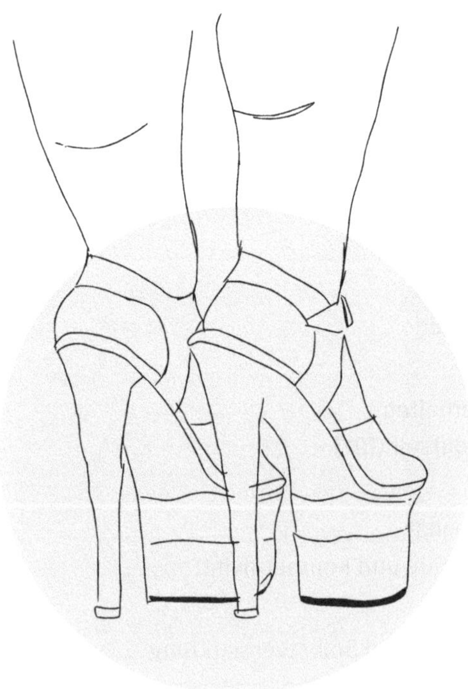

1. Einführung

„Was hat denn wohl ökonomisches Handeln mit Drags und Tunten zu tun?" Diese Frage stellte mir eine Mitarbeiterin des Prüfungsamts mit verwundertem Blick auf den Titel der vorliegenden Studie, als ich ihr meinen Antrag auf Zulassung zur Masterarbeit vorlegte. Offensichtlich erging es ihr genau wie mir zuvor, denn Drag begegnet uns im Alltag vorwiegend in der medialen Öffentlichkeit. Assoziiert wird mit dem Terminus oftmals „die glamouröse Drag Queen, die [...] neben bekannten und weniger bekannten Prominenten regelmäßig die roten Teppiche diverser Medienspektakel bespielt"[1]. Zu den populärsten Beispielen zählt wohl Olivia Jones, die sich oftmals in Talkrunden einreiht, auf dem *Roten Sofa* (*DAS!*) oder im Format *Käpt'ns Dinner* zu Gast ist oder uns aus lokalen Zeitungsartikeln entgegenlacht.[2] Diese medial vermittelten Eindrücke prägen unser eher einseitiges Bild von Drags als Männern, die schlicht Spaß daran haben, ihre weibliche Seite auszuleben und damit Menschen zu unterhalten. Inhaltlich geht es in den Berichten regelmäßig um Empowerment oder politisches Engagement innerhalb der LSBAT*I*Q-Community[3]. Der Hinweis auf Olivia Jones' durchaus unternehmerische Aktivitäten – man denke an ihre sechs Clubs und Bars auf der Reeperbahn in Hamburg[4] – wird häufig nur am Rande erwähnt. Ich begann mich zu fragen, inwiefern nun diese beiden Pole – Selbstverwirklichung und Unternehmertum – in den Lebensrealitäten der Drags,

1 Reuter 2018, S. 41.

2 Vgl. *Menschen bei Maischberger*, Sendung vom 11.02.2014; *DAS!*, Sendung vom 13.05.2019; *Käpt'ns Dinner*, Sendung vom 18.11.2017; *Kieler Nachrichten*, Artikel vom 22.07.2019, S. 11; *Hamburger Abendblatt*, Artikel vom 21.07.2019.

3 Im Zusammenhang mit queeren Lebensweisen wird oftmals von der LSBAT*I*Q-Community gesprochen, wobei die Kombination der Buchstaben in zahlreichen Varianten und Ergänzungen aufscheint. Die Abkürzung LSBAT*I*Q wird in dem Bestreben genutzt, möglichst viele sexuelle und romantische Orientierungen sowie Geschlechtsidentitäten und somit die Vielfalt des queeren Spektrums abzubilden. Sie steht für lesbische, schwule, bisexuelle, asexuelle/aromantische, trans*-, inter*- und queere Personen. Die verwendeten Sternchen stehen für die vielzähligen Endungen (beispielsweise transident, transgender) und nichtbinäre Geschlechtsidentitäten. Die Sprache ist jedoch im Wandel und ebenso vielfältig wie die Selbstbezeichnungen; vgl. Spahn/Wedl 2018, S. 10 f. Die in der Abkürzung integrierte Bezeichnung „queer" kann und wird auch als eigenständiger Sammelbegriff für sämtliche von der Heteronormativität abweichende sexuellen/romantischen Orientierungen und Identitäten genutzt; vgl. Klaum/Munz 2013, S. 17. Der Begriff „Community" bezieht sich auf die „Gesamtheit aller [...] queeren Individuen, Organisationen und Institutionen in einer Region", wobei es zu reflektieren gilt, dass es hier nicht *die eine* Community, sondern vielmehr „mehrere, voneinander unabhängige Communities" gibt; Spahn 2018, S. 240.

4 Neben der *Olivia Jones Bar*, *Olivias Show Club*, *Olivias Wilde Jungs*, *Olivias Kiez Oase* und *The Bunny Bourlesque* eröffnete 2019 die *Porno Karaoke Bar*; vgl. Olivia Jones 2019.

die noch nicht über die Professionalität und den Status einer Olivia Jones verfügen, Gestalt annehmen. So antwortete ich auf die mir im Prüfungsamt gestellte Frage: „Das werde ich herausfinden und aufschreiben, dann können Sie das in ein paar Monaten nachlesen". Die Mitarbeiterin wünschte mir viel Erfolg.

Drag Queens sind eine zentrale Figuration des Phänomens Drag[5]. Häufig handelt es sich bei ihnen um cisgeschlechtliche Männer, die sich vermeintlich gegengeschlechtlich kleiden und oftmals persiflierend inszenieren.[6] „Travestie" ist die Bezeichnung der „Theater- und Kunstform, bei der auf der Bühne zur Unterhaltung des Publikums ‚männliche Phantasien von Weiblichkeit'"[7] dargestellt werden, und wird auch als Überbegriff für Drag verwendet.[8] Eine zweite Figuration des Drag – und im Gegensatz zu der Drag Queen wesentlich unbekannter – ist die Tunte, die das gegengeschlechtliche Kleiden häufig weniger glamourös gestaltet, mit einem politischen Anspruch verbindet und „durch ihre Darstellung gesellschaftspolitische Brüche zu provozieren vermag"[9]. Die Erscheinungsformen von Tunten und Drag Queens sind jedoch vielfältig und schwer zu systematisieren:

> „Die Tunte hat viele Gesichter: Sie ist ein femininer tuckiger Typ in unserer Lieblingskneipe, ebenso wie Akteurin der politischen Schwulenbewegung in den 70er Jahren. Sie ist professionelle Drag Queen, Film- oder Bühnenfigur und stöckelt so manches Mal – meist kreischend, mit geknickten Händchen und ausladenden Gesten – durch unseren Alltag. Sie zieht Bewunderung und Verehrung genauso wie Spott, Häme und Hass auf sich. Sie mag als schwuler Mann, als ‚Transvestit' oder als Freak gesehen werden, sie mag schwul, hetero-, bi-, pan- oder asexuell sein. Die Tunte ist

5 Im Rahmen dieser Arbeit wird Drag als Überbegriff zur Bezeichnung des Phänomens genutzt. Der Ausdruck inkludiert sämtliche Figurationen des Spektrums (im vorliegenden Fall insbesondere Tunten und Drag Queens) und die entsprechenden Praktiken – im Kern das Tragen vermeintlich gegengeschlechtlich konnotierter Kleidung; vgl. Balzer 2007a, S. 643. In der expliziten Rede von den Akteur*innen wird die Bezeichnung Drags gewählt. Sie ist einerseits Abkürzung für Drag Queens, andererseits schließt sie jedoch auch weitere Erscheinungen – wie etwa Drag Kings – in die Betrachtung ein.

6 Vgl. Klaum/Munz 2013, S. 15; Schirmer 2010, S. 24, Spahn 2018, S. 236. Cisgeschlechtliche Menschen identifizieren sich mit dem Geschlecht, das ihnen bei ihrer Geburt zugewiesen wurde. Bei dem vermeintlich gegengeschlechtlichen Kleiden handelt es sich um ein Spiel mit stereotypen Geschlechterrollen und -zuschreibungen; vgl. Spahn 2018, S. 236.

7 Balzer 2007a, S. 652.

8 Vgl. Spahn 2018, S. 236. „Transvestismus" hingegen ist eine aus medizinisch-psychologischen Kreisen stammende Fremddefinition, die das Tragen von gegengeschlechtlicher Kleidung bezeichnet. Um sich von der pathologisierenden Fremdbezeichnung abzugrenzen, bevorzugen viele Szenemitglieder die Selbstbezeichnung „Cross-Dresser"; vgl. ebd., S. 651.

9 Reuter 2018, S. 41.

> so vielfältig, dass es schwierig scheint, überhaupt festzumachen, was sie genau ausmacht."[10]

Der Politik- und Sozialwissenschaftler Carsten Balzer ordnet Drags und Tunten in ihrer Vielfältigkeit dem „Transgender-Spektrum" zu[11] – beide Figurationen bewegen sich in der LSBAT*I*Q-Community und außerhalb der heteronormativen Ordnung.[12] Räumlich verortet sich die deutsche Drag-Szene vornehmlich in den Großstädten.[13]

Um auf die eingangs zitierte Frage der Mitarbeiterin des Prüfungsamts zurückzukommen: Die Europäische Ethnologie hat ebenso wie die Ökonomische Anthropologie erkannt, dass ökonomisches Handeln in vielfältigen Bezügen und Stilen fester Bestandteil allen soziokulturellen Lebens ist.[14] Es ist in mannigfaltiger Weise in gesellschaftliche Kontexte eingebunden und wird von ihnen hervorgebracht.[15] Die Kulturanthropologin Gertraud Seiser betont, aufgrund dieser Verklammerung sei „jede Auseinandersetzung mit Menschen in ihren vielfältigen sozialen und kulturellen Bezügen sinnlos"[16], sofern die Ökonomie nicht mitgedacht werde. Wie im folgenden Überblick über den Forschungsstand zum Phänomen Drag gezeigt werden wird, wurde diese Herangehensweise – zugunsten einer Betrachtung der (identitäts-)politischen Konnotationen von Drag oder von Formen der Performanz – bislang vernachlässigt. Vor diesem Hintergrund folgt die vorliegende Arbeit der Frage: *Inwiefern und in welchen Bezügen spielen Formen ökonomischen Handelns in den Lebensrealitäten der Tunten und Drags der deutschen Drag-Szene eine Rolle?*

Aufgrund der komplexen Erscheinungsformen und Praktiken von Drag stellt die Analyse der variierenden Selbstverständnisse, Motivationen und Ansprüche der

---

10 Aichberger 2018, S. 45f.

11 Vgl. Balzer 2007a, S. 649. Balzer nutzt die Bezeichnung „Transgender" als Oberbegriff für die verschiedenen trans*-Gruppen der queeren Community, wie etwa transidente Personen, Tunten, Drag Queens, Drag Kings, Cross-Dresser etc.; vgl. Balzer 2007b, S. 51. Die Figurationen von Drags und Tunten dürfen jedoch keinesfalls mit trans*-Personen vermengt werden, deren Geschlechtsidentität nicht mit dem Geschlecht übereinstimmt, das ihnen bei der Geburt zugewiesen wurde; vgl. Spahn 2018, S. 242.

12 Heteronormativität bezeichnet „den Sachverhalt der unsichtbar und selbstverständlich gewordenen Heterosexualität und Zweigeschlechtlichkeit" als Resultat gesellschaftlicher Naturalisierungsprozesse; Degele 2005, S. 19f. Judith Butler identifiziert in diesem Zusammenhang eine „heterosexuelle Matrix" – ein Diskursnetz, welches die binären Geschlechter hervorbringt und die Einordnung von Subjekten strukturiert; Butler 1991, S. 219f.

13 Vgl. Brodersen u. a. 2018, S. 5. Die Bezeichnung Drag-Szene wird im Rahmen dieser Arbeit als Überbegriff genutzt. Sie integriert die in dieser Arbeit relevante Tunten-Szene und die Drag-Queen-Szene, die, wie in Kapitel 2.1.1 gezeigt wird, aus unterschiedlichen Entstehungskontexten hervorgehen. Aus Gründen der Übersichtlichkeit wird von der Drag-Szene gesprochen, wenn die Gesamtheit gemeint ist. Richtet sich der Fokus auf nur eine der beiden, wird sie entsprechend als Tunten-Szene oder als Drag-Queen-Szene adressiert.

14 Vgl. Seifert 2019, S. 169.

15 Vgl. Seiser 2017a, S. 12.

16 Ebd., S. 13.

Tunten und Drags, die im Rahmen der empirischen Untersuchung interviewt wurden, ein weiteres Forschungsziel dar. Die Ergebnisse der Analyse sollen zu einem differenzierteren und tiefgreifenderen Verständnis des Phänomens Drag und der Lebensrealitäten der einzelnen Tunten und Drags beitragen.

Um Zugang zu den Erfahrungswelten der Akteur*innen zu erhalten, wurden innerhalb eines am Forschungsstil der Grounded Theory[17] angelehnten, explorativen und subjektorientierten Forschungsdesigns sechs narrative Interviews mit Tunten und Drag Queens geführt, die in Kiel leben oder einen Lebensabschnitt in Kiel verbrachten. Ergänzt wurde der Materialkorpus um Forschungstagebucheinträge über die Felderfahrungen während eines Wahrnehmungsspaziergangs und einer teilnehmenden Beobachtung bei einer Szeneveranstaltung, von den Interviewpartner*innen erstellte Mindmaps sowie Zusatzmaterial, welches sich während der Forschung aus Feldhinweisen ergab. Die Auswertung des Materials erfolgte anhand eines dreistufigen Kodierprozesses, über den relevante Handlungs- und Deutungsmuster sowie Identitätsentwürfe rekonstruiert wurden, um die Forschungsfrage aus einer emischen Perspektive heraus beantworten zu können.[18] Aufgrund der methodisch angelegten induktiven Arbeitsweise wird den Daten mit größtmöglicher Offenheit begegnet, die auch Formen ökonomischen Handelns jenseits der kapitalistischen Ordnung in die Betrachtung integriert. Das Ergebnis der hermeneutischen Herangehensweise sind ethnographische Erkundungen, die ihre Fühler in die verschiedenen Kontexte ausstrecken, in denen sich ökonomisches Handeln in den Lebensrealitäten situiert – und zwar vor dem Hintergrund verschiedener Wirtschaftslogiken. Die empirischen Ergebnisse wurden durch einen (teils) interdisziplinären Theoriekorpus im Anschluss an Ansätze der Ökonomischen Anthropologie sowie der Arbeitskulturenforschung ergänzt.

Das Verständnis von ökonomischem Handeln schließt an ein praxeologisches Verständnis an und basiert im Rahmen dieser Arbeit auf Andreas Reckwitz' Definition von Praktiken. Diese beschreiben – so Reckwitz – von implizitem Wissen abhängige, sich wiederholende Verhaltensweisen, die an das Zusammenspiel von Körper und Artefakten gebunden sind.[19] Ökonomisches Handeln wird insofern weit gefasst, als dass keine Fokussierung ausschließlich auf Handlungen innerhalb der Logik des kapitalistischen Wirtschaftssystems (etwa: Haushalten, Kalkulieren, Verhandeln etc.[20]) stattfindet. Zudem ist ökonomisches Handeln nie ausschließlich ökonomisch, sondern stets mit nicht-ökonomisch orientierten Praktiken verkettet.[21]

17 Vgl. Strauss/Corbin 1996; Breuer u. a. 2019; Götzö 2014.
18 Vgl. ebd., S. 446; Breuer u. a. 2019, S. 248 ff.; Spiritova 2014, S. 120.
19 Vgl. Reckwitz 2014, S. 25.
20 Vgl. Braun u. a. 2019, S. 11.
21 Vgl. Ronge 2016, S. 15.

Bevor die Erkundungen vorgestellt werden, erfolgt (Kap. 2) ein Überblick über die Konturen der Forschung. Einleitend wird ein Einblick in die historischen Entstehungskontexte sowohl der deutschen Tunten-Szene als auch der Drag-Queen-Szene gewährt, um im Anschluss die bisher erfolgten wissenschaftlichen Auseinandersetzungen mit dem Phänomen Drag zu skizzieren. Daraufhin folgt eine Betrachtung der bisherigen Ansätze kulturwissenschaftlicher Forschung, die Ökonomie als Forschungsgegenstand in den Blick nehmen. Hier zeigt sich bereits, dass Ökonomie einerseits im Kontext des kapitalistischen Wirtschaftssystems fokussiert werden kann, andererseits aber auch solche Praktiken einen großen Bestandteil der Forschung bilden, die in der sogenannten Alternativökonomie anzusiedeln sind.[22] Im Sinne der Transparenz und Nachvollziehbarkeit wird im Anschluss daran das methodische Vorgehen dieser Arbeit und somit die Genese der Analyseergebnisse beleuchtet (Kap. 3). In diesem Zuge werden auch die Interviewpartner*innen vorgestellt.

Die Darstellung der ethnographischen Erkundungen (Kap. 4) spiegelt schließlich die Diversität der Kontexte wider und leistet einen Überblick über die vielfältigen Erscheinungsformen ökonomischen Handelns: Sie manifestieren sich zwischen einer stark solidarischen Community-Ausrichtung einerseits und ausgeprägt kompetitiven Zügen andererseits. Im Zuge der Analyse werden sie vor der Folie verschiedener Wirtschaftssysteme und -perspektiven betrachtet und mit entsprechenden Konzepten ausgewertet. Zunächst werden die Selbstverständnisse der Interviewpartner*innen herausgearbeitet, in denen zum Teil bereits ökonomische Bezüge aufscheinen (Kap. 4.1). Es folgt der Blick auf konkrete Konsumpraktiken, aber auch auf den alternativen Umgang mit der Beschaffung beispielsweise der benötigten Kleidung im Zusammenhang mit Praktiken des Do it yourself (DIY), die der Alternativökonomie zuzuordnen sind (Kap. 4.2). Einen zentralen Stellenwert in den Lebensrealitäten einiger Drags und Tunten nimmt die Community ein. Sie folgt einer ganz eigenen ökonomischen Logik, wie Kapitel 4.3 zeigen wird. Auch in Kapitel 4.4 stehen Praktiken im Vordergrund, die nicht der kapitalistischen Logik zugeordnet werden können. Hier wird Georg Francks Konzept des mentalen Kapitalismus herangezogen, um den Fokus auf den ökonomischen Umgang mit Aufmerksamkeit und Prestige zu lenken.[23] Zuletzt wird das Spannungsfeld von Kreativität und Ökonomie in den Blick genommen, in dem die künstlerischen Aspekte des Drag auf kapitalistisches Unternehmertum treffen (Kap. 4.5).

Abschließend werden die Ergebnisse der Analyse zusammengeführt, reflektiert und innerhalb eines Ausblickes um Forschungsanstöße für nachfolgende Arbeiten ergänzt.

---

22 Vgl. Seifert 2019, S. 172 ff.

23 Vgl. Franck 1998.

2. Konturen der Forschung

Der folgende Überblick richtet sich zunächst auf das Forschungsfeld und die Vorstellung der Forschungsliteratur. Im Anschluss finden erste Bestimmungen der analytischen Perspektive statt.

2.1 Tunten und Drag Queens

Über die Praktiken des Drag konstituiert sich eine Drag-Szene, die als soziale Struktur einen Raum schafft, in dem alternative Lebensentwürfe gelebt werden.[24] Hierbei handelt es sich um ein thematisch fokussiertes Netzwerk von Menschen, die ein gemeinsames Set von (gegen-)kulturellen Überzeugungen, Werten und Normen teilen, und Netzwerke von Orten, an denen sich Szene-Angehörige treffen.[25] Weiterhin verfügen Szenen über „distinkte Codes, Stile, Verhaltensweisen und Wissensvorräte, die von den Dazugehörigen geteilt und reproduziert werden"[26] und die sich als different zur hegemonialen Kultur darstellen. Die Intensität, in der sich Angehörige einer Szene zugehörig fühlen, ist unterschiedlich stark ausgeprägt.[27]

Im Rahmen dieses Kapitels werden das Forschungsfeld vorgestellt und bisherige Forschungsschwerpunkte mit Bezug auf die Drag-Szene rekapituliert. Zunächst erfolgt ein grundlegender Einblick in die historischen Entstehungskontexte, die Selbstverständnisse und die grundlegenden Strukturen von sowohl der deutschen Tunten-Szene als auch der Drag-Queen-Szene, um ein Fundament für das Verständnis der im Analysekapitel folgenden Argumentation zu schaffen.

2.1.1 Entwicklungslinien

Rolf Lindner moniert in einem 2001 erschienenen Aufsatz hinsichtlich zeitgenössischer Feldforschungen eine mangelnde Kontextualisierung der Felder selbst. Er attestiert eine oftmals fehlende historische Tiefendimension und betont die Not-

24 Vgl. Haunss 2012, S. 202.

25 Vgl. Haunss 2004, S. 81 f., in Anlehnung an Hitzler u. a. 2001.

26 Haunss 2004, S. 82.

27 Vgl. ebd. In einigen wissenschaftlichen Beiträgen wird anstelle des Szenebegriffs jener der Subkultur genutzt. Da das Verständnis einer Szene jedoch die Handlungskomponente betont und weniger statisch angelegt ist als das Verständnis einer Subkultur, wird der Szenebegriff in dieser Arbeit bevorzugt; vgl. ebd., S. 83.

wendigkeit, das beobachtete Phänomen als „Teil eines komplexen Wirkfeldes mit Antipoden, mit Figurationen, mit Sedimentbildung zu begreifen“[28]. Auch in Bezug auf das in dieser Arbeit untersuchte Phänomen ist eine historische Betrachtung der Entstehungskontexte essenziell. Daher werden nun die Entstehungslinien der deutsche Tunten- und Drag-Queen-Szene rekapituliert, die eng mit den historischen Entwicklungen der schwulen Subkultur verbunden sind.

Die ersten Erscheinungen der Praktik des gegengeschlechtlichen Kleidens lassen sich in Deutschland auf das Ende des 19. Jahrhunderts datieren. Zu dieser Zeit fanden erste Bälle ausschließlich für homosexuelle Besucher*innen statt, während derer diese auch in gegengeschlechtlicher Kleidung erschienen.[29] Erste Bestrebungen einer Homosexuellen-Bewegung, die sich bereits im Deutschen Kaiserreich und der Weimarer Republik formierten, nahmen in der Zeit des Nationalsozialismus ein jähes Ende.[30] Homosexuelle Menschen waren im NS-Regime massiven Repressionen und Verfolgung ausgesetzt – viele starben in den Konzentrationslagern.[31] Auch nach dem Ende des Zweiten Weltkrieges blieben homosexuelle Handlungen durch den bereits im Jahr 1871 eingeführten Paragraphen 175 weiterhin kriminalisiert. Erst in den 1950er und 1960er Jahren keimte der homosexuelle Aktivismus wieder verstärkt auf.[32]

Die deutsche Tunten-Szene ging schließlich aus der westdeutschen Schwulenbewegung der 1970er Jahre hervor, die an den rebellischen Zeitgeist der 1968er-Studierendenbewegung anschloss.[33] Obgleich die Gesetzgebung im Hinblick auf Homosexualität in Westdeutschland strenger ausfiel, entwickelte sich in der DDR keine vergleichbare Bewegungsstruktur.[34] Die Veröffentlichung des Films *Nicht der Homosexuelle ist pervers, sondern die Situation in der er lebt* (Deutschland 1971) unter der Regie Rosa von Praunheims galt als Ursprung des Aktivismus. Er zeigte die isolierte Situation, in der viele Homosexuelle lebten: geprägt durch Kriminalisierung und Psychopathologisierung.[35]

---

28 Lindner 2001, S. 15.

29 Vgl. Herrmann 2007, S. 117.

30 Vgl. Pretzel/Weiß 2012, S. 15 ff.; Balzer 2007a, S. 260 f.

31 Zu der Verfolgung homosexueller Menschen im Nationalsozialismus siehe u. a. Grau 2004; Jellonnek/Lautmann 2002; Schwartz 2014; Zinn 2018.

32 Vgl. Balzer 2007a, S. 260 f.

33 Vgl. Haunss 2012, S. 201.

34 Vgl. Balzer 2007b, S. 46. Die historische Entwicklung der Schwulenbewegung in der BRD wird in zahlreichen Veröffentlichungen als in verschiedenen Mobilisierungswellen verlaufend beschrieben und untersucht; vgl. hierzu etwa: Salmen/Eckert 1989; Kraushaar 1997; Dobler/Rimmele 2008.

35 Vgl. Dannecker 2012, S. 30. Insbesondere der Paragraph 175 trug in erheblichem Umfang zu einer Marginalisierung durch Kriminalisierung bei. Er definierte sexuell motivierte Handlungen zwischen Personen männlichen Geschlechts als Straftat – wenn auch in, je nach Reformstatus und später auch Geltungsort (BRD/DDR), unterschiedlich starkem Ausmaß. Bis 1994

Für diese Lage sah von Praunheim jedoch nicht nur die heteronormative Gesellschaft in der Schuld, sondern auch die homosexuellen Menschen selbst in der Verantwortung. Der kontrovers diskutierte Film forderte zum schwulen Aktivismus auf: Letztendlich – so proklamieren die Historiker Andreas Pretzel und Volker Weiß – entsprang dem Film die Bewegung, die gegen sexuelle Unterdrückung und für über Gleichheit hinausreichende Freiheit zu kämpfen begann. Neben der Auflösung von Diskriminierung sollten auch die hegemonialen und paternalistischen Macht- und Herrschaftsstrukturen grundsätzlich abgelöst und neu gedacht werden: Normative Konzepte von Männlich- und Weiblichkeit, die binäre Ordnung von Hetero- und Homosexualität sowie die Zweigeschlechtlichkeit sollten entkräftet und durch sexuellen und geschlechtlichen Pluralismus ersetzt werden.[36]

Zwei zentrale historische Ereignisse prägten die Zeit: Zum einen trat am 25. Juni 1969 die erste teillegalisierende Reform des Paragraphen 175 in Kraft, die den generellen Straftatbestand für homosexuelle Männer ab einem Alter von 21 Jahren aufhob und sexuelle Handlungen „lediglich" zwischen Männern unter 21 Jahren unter Strafe stellte. Zum anderen begannen zwei Tage später die sogenannten *Stonewall Riots* in der Christopher Street in New York. In der Nacht des 27. Juni 1969 kam es vor dem Szenelokal *Stonewall Inn* zu gewalttätigen Auseinandersetzungen zwischen Lesben, Schwulen und insbesondere auch Drag Queens auf der einen sowie der Polizei auf der anderen Seite. Auslöser waren regelmäßige Razzien und Übergriffe auf die Subkultur. Der Widerstand der Lokalbesucher*innen gegen die diskriminierende Polizeigewalt, der in den *Stonewall Riots*[37] mündete, gilt als der Wendepunkt der US-amerikanischen Lesben- und Schwulenbewegung (*Gay-Liberation-Bewegung*). Auch wenn die Ausgangssituationen der Radikalisierungstendenzen der deutschen und der US-amerikanischen Bewegungen stark divergierten, erreichten die *Stonewall Riots* gegen Ende der 1970er Jahre insbesondere hinsichtlich ihrer Aktionsformen Vorbildcharakter für die deutsche Bewegung.[38]

Diese war insgesamt vorwiegend links ausgerichtet, jedoch nicht einheitlich organisiert.[39] Es etablierten sich diverse Fraktionen und Gruppierungen wie etwa

stellte er ein wirkungsvolles Instrument der Unterdrückung homosexueller Menschen dar; vgl. Holy 2012, S. 76. Auch wenn §175 heutzutage ersatzlos aus dem Strafgesetzbuch entfernt wurde, bleibt sein Geist spürbar. So ist die Durchführung sogenannter Konversionstherapien (Versuch der Beeinflussung der sexuellen/romantischen Orientierung eines Menschen) im Jahr 2019 immer noch möglich; vgl. Dannecker 2012, S. 29 f.

36 Vgl. Pretzel/Weiß 2012, S. 9 ff. u. S. 19 ff.; Dannecker 2012, S. 30 ff.

37 Der jährlich in zahlreichen Städten weltweit stattfindende *Christopher Street Day* (CSD) ist ein Feier- und Demonstrationstag der LSBAT*I*Q-Community und erinnert an die Geschehnisse der *Stonewall Riots*. Die ersten *CSD*s in Deutschland fanden im Jahr 1979 in Bremen (*Schwuler Karneval*), Berlin, Köln und Stuttgart (jeweils *Gay Freedom Day*) statt; vgl. Holy 2012, S. 68 f.

38 Vgl. ebd., S. 43 ff. u. S. 58.

39 Vgl. Haunss 2012, S. 200; Woltersdorff 2012, S. 218.

die größte Vertreterin *Homosexuelle Aktion Westberlin* (HAW)[40], zwischen denen wenig Einigkeit über die Richtung und Gestaltung des Aktionismus mit dem Ziel einer „tiefgreifende[n] Umwälzung der Gesellschaft"[41] bestand. Vielmehr formierten sich gruppenexterne wie auch interne Konflikte um Strategien. Eine Fraktion bildeten die Tunten, die stark polarisierten. Die Spannungen zwischen den einzelnen Parteien mündeten im Jahr 1973 schließlich innerhalb der *HAW* in den Tuntenstreit und im Zuge dessen in eine Politisierung der Tunten.

Auslöser des Streits war das Verhalten einiger Teilnehmer*innen auf einer von der *HAW* organisierten Demonstration am 10. Juni 1973 in Westberlin, die aus einem bundesweiten Treffen der Schwulengruppen resultierte.[42] Während der Demonstration sollen laut Protokollen einer späteren *HAW*-Versammlung einige Aktivist*innen der französischen Gruppe *Front homosexuel d'action révolutionnaire* (FHAR) und der italienischen *Fuori!* den geordneten Zug verlassen und „aufgefummelt"[43] abseits des Zuges laut und pfeifend in Interaktion mit Passant*innen getreten sein.[44] Dieses Verhalten stieß bei den Aktivist*innen im Zug auf Kritik – sie warfen den Tunten mangelnde Ernsthaftigkeit, De-Politisierung und die Befriedigung von voyeuristischen Bedürfnissen der Passant*innen vor. Sie verstanden tuntiges Verhalten als privat sowie unpolitisch und sahen ihre Kooperationen mit linken Parteien und der Arbeiter*innenschaft und damit die Verfolgung ihrer politischen Ziele bedroht. Die Tunten wiederum kritisierten das an heteronormative Ordnungen angepasste Verhalten der Aktivist*innen und sahen gerade in ihrem aufgefummelten „Tuntigsein"[45] politisches Handeln im Sinne eines Durchbrechens der stereotypisch-fixierten Geschlechterrollen, die sie als das Fundament der Unterdrückung von Homosexualität definierten.[46] Der Tuntenstreit legte die komplexen Spannungsfelder und Konfliktdimensionen innerhalb der Auseinandersetzungen der verschiedenen Gruppierungen der *HAW* offen: Unter anderem stellten sich *Tunten* mit der Forderung des öffentlichen Auslebens von Weiblichkeit gegen die *patriarchale Strukturen stützenden* Männer; *berufstätige Bewegungsmitglieder* fühlten sich von *Studieren-*

40 Die *HAW* galt als die politisch richtungsweisende Gruppierung innerhalb der westdeutschen Schwulenbewegung; vgl. Holy 2012, S. 51.

41 Griffiths 2012, S. 143.

42 Das bundesweite Treffen der Schwulengruppen – organisiert von der *HAW* (Homosexuelle Aktion Westberlin) – stand unter dem Motto „Die Unterdrückung der Homosexualität ist nur ein Spezialfall der allgemeinen Sexualunterdrückung" und mündete in eine rund 700 Aktivist*innen starke Demonstration mit internationaler Beteiligung; vgl. Griffiths 2012, S. 144.

43 „Fummel" ist die emische Bezeichnung für die als weiblich konnotierte Kleidung von Tunten; vgl. Balzer 2007b, S. 45. „Aufgefummelt" ist die emische Zustandsbeschreibung für das Tragen ebendieser Kleidung.

44 Vgl. Woltersdorff 2012, S. 223.

45 Griffith 2012, S. 145.

46 Vgl. ebd., S. 144 f.; Holy 2012, S. 51.

den unter Druck gesetzt und sahen durch die geforderten öffentlichen Auftritte im Fummel ihre Karrieren in Gefahr; die sogenannte *„Lust-Fraktion"* fühlte sich von der *Politarbeit* einiger Fraktionen überrollt; *Lesben* distanzierten sich im Rahmen des Tuntenstreits von den *Schwulen* und entschieden, sich losgelöst in eigenen Räumen zu versammeln; *bündnissuchende Mitglieder* der Bewegung verstanden die Auftritte der *Tunten* als Albernheit, die eine seriöse Außenwirkung der *HAW* als potenzielle Bündnispartnerin verunmögliche.[47]

Zwar erschwerte die Heterogenität der Gruppierung die inhaltlichen Auseinandersetzungen, doch erwuchs aus ihr auch der Freiraum, der den Tunten eine Politisierung ermöglichte.[48] Zu den Hintergründen dieser Politisierung zählte insbesondere die zunehmende Reflektion der Diskriminierung, der sich Tunten sowohl von hetero- als auch von homosexueller Seite ausgesetzt sahen. Innerhalb ihrer Grundsatzerklärung schreibt die *HAW* in Bezug auf den sogenannten Tunten-Hass:

> „Wer ihm [dem Idealbild eines ‚normalen' Mannes, Anm. Griffiths 2012] etwa in seinem Äußeren oder Verhalten nicht entspricht, gilt als Tunte, und jeder findet mit Leichtigkeit einen andern, der tuntiger scheint als er selbst und den er zum Objekt seiner Aggressivität machen kann, statt sich mit ihm gegen die soziale Diskriminierung zu solidarisieren."[49]

Tunten wurden (und werden auch heute noch) folglich nicht nur als Teil der gesamtgesellschaftlich marginalisierten Gruppe Homosexueller diskriminiert, sondern auch innerhalb der Community mit diskriminierenden Einstellungen konfrontiert.

Der Sexualwissenschaftler Martin Dannecker und der Soziologe Reimut Reiche veröffentlichten 1974 die erste umfassende, auf quantitativen Befragungen basierende Untersuchung männlicher Homosexueller in der Bundesrepublik Deutschland. Im Rahmen ihrer Auswertungen diagnostizieren sie einen grundlegenden, die Tunten-Feindlichkeit konstituierenden Vorwurf: Durch die öffentlich sichtbare Distanzierung von dem hegemonialen (heterosexuellen) Männlichkeitsideal trügen Tunten Mitschuld an der Diskriminierung derjenigen Schwulen, die sich an das Leitbild des heterosexuellen Mannes anzupassen versuchten.[50] Vor diesem Hintergrund ergänzen sie, sei es wenig präzise, vom Homosexuellen-Hass der Heterosexuellen und dem Tunten-Hass der Homosexuellen zu sprechen. Akkurater sei die Rede von Homosexualitäts-*Angst* und von Weiblichkeits-*Angst* bei sowohl homo- als auch heterosexuellen Männern, da der Hass letztendlich lediglich die Ausdrucksform der Angst sei.[51]

---

47 Vgl. ebd., S. 51 ff.

48 Vgl. Griffiths 2012, S. 155.

49 HAW 1971, S. 1 ff., zit. n. ebd., S. 145 f.

50 Vgl. Dannecker/Reiche 1974, S. 353 ff.; Griffiths 2012, S. 146.

51 Vgl. Dannecker/Reiche 1974, S. 355.

Im Zuge der auf diese Erkenntnisse folgenden Politisierung bildeten die Tunten fortan einen eigenen Flügel in der *HAW* und gründeten die Rubrik „Feminismus“[52]. Zentralen politischen Wert sahen die sich nun als Feministen bezeichnenden Tunten in dem öffentlichen Tragen ihrer Fummel und der Auslebung ihres „Tuntigseins“[53]. Beides diene den Schwulen als Mittel, ihre Solidarität zur Frauenbewegung zu bekunden und gemeinsam mit ihr gegen Unterdrückung und fixierte Geschlechterrollen zu demonstrieren.[54] Die Feministen knüpften an das in der Frauenbewegung vorherrschende Verständnis des Privaten als politisch an und kritisierten vor diesem Hintergrund alle Tunten und Schwulen, die sich ausschließlich privat oder auf eigens gekennzeichneten kommerziellen Veranstaltungen – wie etwa Tunten-Bällen – in Fummel kleideten. Wer sich nicht traue, sich selbst auch im Privaten zu politisieren und aus diesem Grund den Fummel in der Öffentlichkeit ablehne, würde sich in der Scheinemanzipation der Gruppe verstecken, anstatt sich von der Anpassung an das hegemoniale Rollenbild abzuwenden. Als Emanzipation verstanden die Feministen die Arbeit an einem „neuen“ Selbstbewusstsein und die öffentliche Sichtbarmachung ihrer Homosexualität. In diesem Zuge avancierte auch die Bezeichnung „Tunte“ in emanzipatorischer Absicht nicht nur zur Selbstbezeichnung, sondern auch zu einem politischen Kampfbegriff. Der Begriff als Selbstzuschreibung stand (und tut dies für viele Tunten insbesondere in der Berliner Tunten-Szene bis heute) für die Kombination aus (schwuler) Sexualität und (links-orientierter) Politik.[55]

Das öffentliche Auftreten der Feministen sorgte jedoch für massive Kritik – so wurde das Nach-außen-Tragen des Privaten und der eigenen Bedürfnisse von anderen *HAW*-Fraktionen als unreflektiert, unpolitisch und keinesfalls als emanzipatorisch verstanden.[56] Fragen nach der Essenz des Politischen, Privaten und Emanzipatorischen sowie der Bedeutung der Bewegung selbst und ihrer Außenwirkung bildeten einen zentralen Konfliktherd.[57] Der Tuntenstreit endete schließlich im Jahr 1974 – wie der Chronist der westdeutschen Schwulenbewegung der 1970er Jahre, Michael Holy, formuliert – in „einem schnöden Konflikt ums Geld“[58].

---

52 Da die Mitglieder sich selbst als „Feministen“ bezeichnen, wird in diesem Fall auf eine gegenderte Schreibweise verzichtet.

53 Griffiths 2012, S. 145.

54 Vgl. ebd., S. 147.

55 Vgl. Balzer 2007b, S. 47; Woltersdorff 2012, S. 223. Gleiches gilt für den zunächst negativ konnotierten Begriff „queer“, der von der Norm Abweichendes bezeichnete und als Beschimpfung für homosexuelle Menschen verwendet wurde. Doch auch dieser Begriff wurde emanzipatorisch zurückerobert und wird nun innerhalb der Community selbstbezeichnend genutzt; vgl. Klaum/Munz 2013, S. 17.

56 Vgl. Griffiths 2012, S. 148 ff.

57 Vgl. ebd., S. 151 ff.

58 Holy 2012, S. 53.

Obgleich die Bemühungen der Feministen im Rahmen des Tuntenstreits von Zerwürfnissen geprägt waren, gelang ihnen doch erstmals die Etablierung einer eigenen, von der Parteienlogik losgelösten Positionierung, die nicht auf Anpassungsstrategien basierte, sondern auf der emanzipatorischen Auseinandersetzung mit den persönlichen Ängsten und Selbstverleugnungstendenzen.[59]

In den 1980er Jahren musste sich die westdeutsche Schwulenbewegung zunehmend mit der wachsenden Aids-Krise auseinandersetzen. Gegen Ende der Dekade wuchs die Distanz zwischen der Bewegungsidentität und den Alltagspraxen der Aktivist*innen, sodass die Bewegung schließlich im Übergang zu den 1990er Jahren aufgrund des Verlusts ihrer Mobilisierungsfähigkeit ihr Ende fand.[60] Obgleich die Bewegungswelle ausrollte, blieben die Tunten weiterhin aktiv und es etablierte sich aus der Bewegung heraus die Tunten-Szene in (West)Berlin. Insbesondere das 1977 aus der *HAW* heraus gegründete *SchwulenZentrum* (SchwuZ) wurde als Veranstaltungsraum zum festen Bestandteil und Szenetreffpunkt der Tunten-Szene.[61] Die Tunten, die sich im *SchwuZ* trafen, behielten die emanzipatorisch-politische Haltung der „Bewegungsschwestern“[62] bei, ergänzten das Spektrum jedoch um den Faktor „Spaß“. Sie trugen ihre Fummel nicht mehr nur auf Demonstrationen und politischen Veranstaltungen, sondern auch auf Partys und bei (teils gesellschaftskritischen) Bühnenshows. Im Rahmen ihrer Aktivitäten etablierten die *SchwuZ*-Tunten ein eigenes Regelsystem „subkultureller Normen“[63], das insbesondere in dem Subgenre *Tunten-Trash-Travestie* seinen pointierten Ausdruck fand. Die Kritik an der heteronormativen Ordnung wurde nun mit den Mitteln der Unterhaltung und der Selbstironie fortgeführt.[64] Mit dieser Neuerung distanzierte sich die politisierte (West-)Berliner Tunten-Szene von den glamourösen Formen des Travestie-Genres mit den damals bekanntesten Vertreter*innen „Mary und Gordy“. Insbesondere die vermeintliche Ausrichtung und Anpassung der Shows an die Bedürfnisse eines zah-

---

59 Vgl. ebd., S. 55 f.

60 Vgl. Haunss 2012, S. 200 ff. Für eine detaillierte Darstellung der Auflösungstreiber und -prozesse vgl. Haunss 2012. Zu erwähnen ist, dass die Geschichte der Schwulenbewegungen Deutschlands nicht mit dem Ende der hier beschriebenen Ära der *Rosa Radikale* abschließt. Ende der 1990er Jahre formiert sich eine weitere Bewegungswelle, die im Gegensatz zu ihrer Vorgängerin den engen Kontakt zur Lesben- und Frauenbewegung anstrebt und deren Bewegungsidentität auf einer intensiven Rezeption feministischer wie queerer Theorie fußt; vgl. ebd., S. 211.

61 Vgl. Balzer 2007b, S. 46 f.

62 Bezeichnung der im Rahmen der westdeutschen Schwulenbewegung der 1970er Jahre aktiven Tunten; vgl. Balzer 2007a, S. 617.

63 Balzer 2007b, S. 47.

64 Vgl. ebd., S. 48.

lungskräftigen heterosexuellen Publikums zur Verfolgung kommerzieller Interessen stand scharf in der Kritik.[65]

In Folge der Wiedervereinigung 1989 wurde die politische und kollektive Orientierung der Jugendkulturen zunehmend durch individualistische Konsumfreude abgelöst. Im Rahmen dieser Entwicklungen avancierte der *Christopher Street Day* von einem hochpolitischen Gedenk- und Feiertag in den 1990er Jahren zu „einer von Konzernen gesponserten Spaß-Parade und Touristen-Attraktion“[66] – und somit zu einem wichtigen Wirtschaftsfaktor der ausrichtenden Stadt.[67] Mit der zunehmenden Kommerzialisierung – die schließlich auch das *SchwuZ* vom kollektiven Treffpunkt zum vermehrt partyorientierten Veranstaltungsraum werden ließ – sah sich die Gruppe der Tunten einer erneut verschärften Marginalisierung ausgesetzt.[68]

Die Entwicklungen der 1990er Jahre brachten in der Mitte des Jahrzehnts das Erscheinen einer neuen, individualistisch geprägten Figur mit sich: die Drag Queen. Die bis dato in Deutschland nicht unter der Selbstbezeichnung existierende Figur der Drag Queen war Ausdruck einer neuen Generation. Die Bildung der Berliner Drag-Queen-Szene war im Gegensatz zur Tunten-Szene maßgeblich international und durch amerikanische Vorbilder – allen voran RuPaul[69] – beeinflusst. Grund hierfür war ein Medienhype, der den internationalen Typus einer erfolgreich karriereorientierten Drag Queen propagierte, der in seiner Ausrichtung dem Wesen des Zeitgeistes der Jugendkultur entsprach: Selbstverwirklichung, Lebensfreude und Konsumorientierung.[70]

Um die Differenzen zu überwinden, gründeten Tunten und Drag Queens Mitte der 1990er Jahre mit *Trans-NeTTT* eine Gruppierung, die alle Personen des trans*-Spektrums zur Beteiligung einlud und somit einer fortschreitenden Spaltung der Community in exkludierende Untergruppen vorbeugen sollte.[71] Im Jahr 1996 organisierte die Gruppe in Berlin die erste Ausgabe des Festivals *Wigstöckel*[72], das in

65 Vgl. ebd.; Balzer 2007a, S. 266. Balzer verweist auf das Ritual der Travestiekünstler*innen der Zeit, am Ende ihrer Show die Perücke abzunehmen und so die Illusion der Weiblichkeit deutlich als Maskerade zu markieren. Dies galt – so Balzer – unter den Tunten als „Todsünde“; vgl. Balzer 2007b, S. 48.

66 Ebd., S. 49.

67 Vgl. ebd., S. 48 f. Als Reaktion auf die zunehmende Kommerzialisierung und Entpolitisierung des Berliner *CSDs* fand ab 1998 für mehrere Jahre der alternative, politisch-orientierte *Transgeniale CSD* im Stadtteil Kreuzberg statt; vgl. Balzer 2007a, S. 271.

68 Vgl. ebd., S. 272.

69 RuPaul ist eine afroamerikanische Drag Queen, die international als Drag-Ikone gehandelt wird; vgl. ebd., S. 181. In Deutschland ist RuPaul insbesondere aufgrund der Castingshow *RuPaul's Drag Race* bekannt, im Rahmen derer zahlreiche Drag Queens um den Sieg konkurrieren; vgl. Internet Movie Database 2019.

70 Vgl. Balzer 2007a, S. 274.

71 Vgl. Balzer 2007b, S. 50.

72 Als Vorbild diente das in New York stattfindende Drag-Festival *Wigstock*; vgl. ebd.

den folgenden Jahren zunehmend mehr Personen des trans*-Spektrums in Organisation und Programm integrierte und eine politische Ausrichtung intensivierte. Im Zuge dieser Entwicklungen wandelte sich der ursprünglich schwulenpolitische Aktivismus der Tunten zu einem trans*politischen Engagement.[73] Ziel – so Balzer – sei die Auflösung von geschlechterdichotomem Denken und die Anerkennung eines „fluiden Kontinuums vieler Geschlechter"[74].

2.1.2 Stand der Forschung

Mit der Rede über Drag geht stets die Beschäftigung sowohl mit „Geschlecht als auch [mit] praktische[n] Artikulationen geschlechtlicher Lebensweisen"[75] einher. Insbesondere in der Frauen- und Geschlechterforschung wird seit den 1990er Jahren aus verschiedenen Stoßrichtungen die Denaturalisierung des binären Verständnisses von Geschlecht diskutiert[76]: Aus dekonstruktivistischer Perspektive liefert Judith Butler theoretische Anreize der Heteronormativitätskritik, welche jedoch erst im Kontext weiterer queertheoretischer Auseinandersetzungen aufgenommen wurden.[77] Die sozialkonstruktivistischen Überlegungen von Harold Garfinkel zu der Her- und Darstellung sowie Reproduktion von Geschlecht im Rahmen sozialer Interaktion wurden unter anderem von Candace West und Don H. Zimmermann weitergeführt oder von Gesa Lindemann in die Forschung über „Transsexualität" integriert.[78] Stefan Hirschauer kritisiert die hierbei zu Tage tretende „Omnirelevanzannahme"[79] der Kategorie Geschlecht in den auf dem ethnomethodologisch orientierten Ansatz Garfinkels basierenden Ausführungen und plädiert für ein weniger deterministisch denkendes Verständnis. Eine Kontextualisierung der hegemonialen binären Ordnung aus historischer Perspektive mit Blick auf den Entstehungsprozess leistet unter anderem Barbara Duden.[80]

Die Figurationen der Drags und Tunten bieten einen Ansatzpunkt, um die theoretischen Diskussionen um die Dekonstruktion der hegemonialen Zweigeschlechtlichkeit und deren Hervorbringung durch soziale und kulturelle Praktiken an kon-

73 Vgl. ebd., S. 50 f.

74 Ebd., S. 51.

75 Schirmer 2010, S. 11.

76 Vgl. ebd., S. 11 f.

77 Vgl. Butler 1991 u. 1997.

78 Vgl. Garfinkel 1967, West/Zimmermann 1987, Lindemann 1993. „Transsexuell" ist eine veraltete Bezeichnung für Menschen, deren Geschlechtsidentität nicht mit dem Geschlecht übereinstimmt, dass ihnen bei der Geburt zugeschrieben wurde. Aufgrund der medizinisch-pathologischen Aufladung, wird die Bezeichnung von vielen trans* Personen nicht verwendet; vgl. Spahn 2018, S. 242.

79 Hirschauer 2001, S. 215.

80 Vgl. Duden 1991.

kreten Beispielen in den Blick zu nehmen. Vor allem Forschungen der Queer- und (Trans-)Gender Studies befassen sich vermehrt mit „Geschlechterpraxen, Verkörperungen und Selbstverständnisse[n] [...] sowie [den] Brüche[n], Inkongruenzen und Widersprüche[n] in der alltäglichen Reproduktion zweier Geschlechter“[81], die in queeren Szenen in Erscheinung treten. Auch wenn es in dieser Arbeit nicht primär um Fragen der Hervorbringung von Geschlecht geht, so ist ein Blick auf die entsprechenden Hintergründe doch notwendig, um die späteren Erkenntnisse fundiert kontextualisieren zu können.

Während die Phänomene Drag Queen und Tunte im Rahmen journalistischer Auseinandersetzungen zahlreich Einzug in die Medien finden, sind im deutschsprachigen Raum nur wenige (kultur-)wissenschaftliche Veröffentlichungen rund um die deutsche Drag-Szene präsent. Deutlich mehr Publikationen existieren jedoch in der US-amerikanischen Soziologie, Anthropologie und in den Gender Studies. Obwohl sich die US-amerikanische Drag-Szene und die deutsche Drag-Szene in unterschiedlichen gesamtkulturellen Kontexten situieren, gibt es doch deutliche Parallelen in den grundlegenden Praktiken – daher werden an dieser Stelle auch einige US-amerikanische Forschungen berücksichtigt.

Die wohl erste Ethnographie über die Lebensrealität von Drag Queens publizierte Esther Newton – eine in queertheoretischen Zusammenhängen oft zitierte US-amerikanische Kulturanthropologin –, resultierend aus ihrer 1968 fertiggestellten Dissertation[82]. In *Mother Camp* formuliert sie die Ergebnisse ihrer zweijährigen Forschung mit dem Fokus auf den Performances professioneller Drag Queens – *female impersonators* – in den späten 1960er Jahren in den USA. Newton liefert eine dichte Beschreibung der Lebensverhältnisse, der Arbeitsbedingungen, der Selbstbilder und der Motivationen der von ihr wiederholt interviewten US-amerikanischen Drag Queens. Weiterhin verweist sie auf die Stigmatisierung, welche Drags aufgrund der öffentlichen Sichtbarmachung ihrer Homosexualität erfahren und widmet sich „Camp“ – als Ästhetik und kulturelles Sinnsystem zugleich, das sich durch ein spezifisches Humor-System, einen Hang zu Übertreibung, Künstlichkeit und Theatralik charakterisieren lässt.[83]

In US-amerikanischen – oftmals soziologischen, teils auch anthropologischen – Untersuchungen stehen häufig die identitäts- und soziopolitischen Kontex-

81 Schirmer 2010, S. 24.

82 Bei der Rezeption von Newtons Ausarbeitungen ist der zeitliche Kontext zu beachten. Ihre Ethnographie entstand zu der Zeit, in der die *Stonewall*-Proteste stattfanden, die für die Interviewpartner*innen der vorliegenden Arbeit als historischer Bezugspunkt betrachtet werden. Inzwischen hat sich die grundlegende Lebenssituation von Mitgliedern der LSBAT*I*Q-Community politisch wie gesamtgesellschaftlich verändert. So forschte Newton zu einer Zeit, als Drag auf öffentlichen Straßen einen Straftatbestand darstellte; vgl. Newton 1972, S. 36.

83 Vgl. ebd., S. 104 ff.; Sontag 1964. Camp wird in Kapitel 4.1.1 vertiefend aufgegriffen.

te des Drag im Vordergrund des Interesses. Dana Berkowitz, Linda Belgrave und Robert Halberstein untersuchen die von komplexen Inklusions- und Abgrenzungsstrategien geprägte Interaktion, die zwischen den Individuen der marginalisierten Drag-Szene und der mit ihr verschränkten Schwulen-Szene stattfinden.[84] Verta Taylor, Leila Rupp und Joshua Gamson rücken das subversive Potenzial und die Absicht, mittels Drag-Shows Kritik an den traditionellen Geschlechterrollen zu üben, in den Fokus ihrer Arbeit.[85] Auch der Zusammenhang zwischen Drag und der Frage nach Wandlungsprozessen der Aushandlung von Geschlechtsidentitäten sind Teil der wissenschaftlichen Diskurse.[86]

Zu den Autor*innen, die insbesondere in diesem Zusammenhang in einer Vielzahl der wissenschaftlichen Abhandlungen als Referenz herangezogen werden, zählt die US-amerikanische Geschlechterforscherin Judith Butler. In ihrer Publikation *Das Unbehagen der Geschlechter* – ein insbesondere in der Queer Theory und dem Queerfeminismus viel rezipiertes Werk – wendet sie sich Drag-Praktiken zu und führt Esther Newtons Überlegung an, beständige Imitation sei ein zentraler Mechanismus der gesellschaftlichen Konstruktion von Geschlechtsidentität.[87] Drags spielten – so Butler – in ihrer Performanz[88] mit der Differenzierung von anatomischem Geschlecht (*sex*) und der dargestellten Geschlechtsidentität (*gender*).[89] Sie fügt Newtons Anmerkung nun ihre ergänzende These an, dass Drag

> „auch die Unterscheidung zwischen seelischem Innen- und Außenraum grundlegend subvertiert und sich sowohl über das Ausdrucksmodell der Geschlechtsidentität als auch über die Vorstellung von einer wahren geschlechtlich bestimmten Identität (*gender identity*) lustig macht."[90]

Im Rahmen dieser Imitation von Geschlechtsidentität zeigten Drags auf, wie Geschlecht im Alltag produziert wird, und verwiesen auf den künstlichen Charakter der bestehenden Geschlechterordnungen.[91] Es handelt sich laut Butler folglich um eine „Imitation ohne Original"[92], denn sowohl die Geschlechtsidentität als auch das anatomische Geschlecht und schließlich die gesellschaftlich angenommene Gleich-

---

84 Vgl. Berkowitz/Belgrave/Halberstein 2007.

85 Vgl. Taylor/Rupp/Gamson 2005; Schacht/Underwood 2004.

86 Vgl. u. a. Shapiro 2007; Taylor/Rupp 2004.

87 Vgl. Butler 1991, S. 201 mit Verweis auf Newton 1972, S. 97 ff.

88 Butler unterscheidet die Konzepte Performativität und Performanz. Während die Performativität die „ritualisierte, unbewusste Darstellung von Geschlecht" im Kontext der heterosexuellen Matrix bezeichnet, bezieht sich der Begriff der Performanz auf die bewusste „Bühnen-Darstellung von Geschlecht"; Balzer 2007a, S. 647.

89 Vgl. Butler 1991, S. 202.

90 Ebd., S. 201, Herv. i. Orig.

91 Vgl. ebd., S. 203.

92 Ebd.

setzung zwischen den beiden würden durch die Performanz entnaturalisiert, indem ihr Wesen als sozial konstruiert markiert wird.[93]

In ihrem späteren Werk *Körper von Gewicht* räumt Butler mit einem Missverständnis auf, das aus der Rezeption von *Das Unbehagen der Geschlechter* resultierte. Sie betont, es gäbe

> „keine zwangsläufige Verbindung zwischen drag und Subversion [...] und daß drag so gut im Dienst der Entnaturalisierung wie der Reidealisierung übertriebener heterosexueller Geschlechternormen stehen kann."[94]

Drag sei zwar in dem Sinne subversiv, dass es das Zurückführen der Heterosexualität auf einen naturalisierten Ursprung widerlegt, indem es aufzeigt, inwiefern das hegemoniale Geschlecht anhand von Imitation produziert wird. Gleichzeitig ergebe sich jedoch eine Ambivalenz, in der die Drags selbst in die bestehenden Machtverhältnisse verwickelt sind, die bekämpft werden sollen.[95] Drags könnten zwar die hegemonialen Geschlechternormen in ihrem Zitieren ebendieser als sozial konstruiert sichtbar machen, doch können sie die Norm dadurch nicht verschieben – eine Auflösung des „hegemonialen Zwangs"[96] läge nicht in ihrer Kompetenz.[97]

Diese isolierte Betrachtung Butlers von Drag-Praktiken als „mögliche subversive Anfechtung des Hegemonialen"[98] steht unter anderem deswegen in der Kritik, weil sie die sozialen Relationen und Kontexte ausklammert, in denen sie stattfinden und die für ihre Konstitution relevant sind.[99] Ki Namaste kritisiert neben dem fehlenden Kontext – diesmal aus der Perspektive der Transgender Studies – die in der dekonstruktivistischen Perspektive mangelnde Auseinandersetzung mit der Konstitution alternativer Figurationen durch Drag.[100]

Dennoch ist die von Butler skizzierte Ambivalenz Gegenstand zahlreicher Veröffentlichungen, die mal die eine, mal die andere Seite der Medaille hervorheben. So erklärt Jill Dolan vor dem Hintergrund (heute: queer-)feministischer Theorie, Drag-Praktiken würden durch die Art der Performanzen traditionelle Geschlechternormen und Hierarchien reproduzieren und somit die heteronormative Ordnung zusätzlich bestärken.[101] Auch Eva Reuter zeigt die aus ihrer Sicht bestehenden Grenzen der Performanzen auf und pointiert, Drag verbliebe in einer stigmatisierenden Po-

---

93 Vgl. ebd.
94 Butler 1997, S. 178, Herv. i. Orig.
95 Vgl. ebd.
96 Ebd., S. 188.
97 Vgl. ebd., S. 187 f.
98 Schirmer 2010, S. 32.
99 Vgl. u. a. Haase 2005, S. 11 f.
100 Vgl. Namaste 1996, S. 187 f.
101 Vgl. Dolan 1985.

sition, sofern sich die Darstellungspraktiken entlang „normierter Wissensachsen“[102] bewegten. Sie erkennt zwar das Potenzial an, die überzogene Darstellung weiblich konnotierter Stereotypen als Selbstermächtigung zu werten, sieht die Performanzen jedoch „in einer binären, dichotomen und vor allem normativen Logik“[103] verhaftet und somit als Heteronormativität reproduzierend an. Drags und Tunten blieben notgedrungen in einem „Modus der ewigen Zitation“[104] – die bloße Parodie hegemonialer Normen reiche nicht aus, um ein nachhaltiges gesellschaftliches Umdenken zu bewirken.[105]

Der Sozial-, Kunst- und Medienwissenschaftler Muriel Aichberger hingegen relativiert den Gehalt des durch Reuter formulierten Vorwurfs, indem er die Vorannahme dekonstruiert, auf welcher die Argumentation fußt. Zunächst verweist er – ohne Quellenangabe aber in deutlicher Nähe zu Butler – auf die Tatsache, dass „Geschlecht“ sich in die Ebenen des körperlichen Geschlechts (weiblich/männlich), des sozialen Geschlechts (Frau/Mann) sowie den Ausdruck des Geschlechts (feminin/maskulin) differenziert. Für Betrachter*innen sind ebenfalls drei Ebenen relevant: die kosmetische Dimension (Kleidung, Make-up, etc.), die kinästhetische Dimension (Anatomie, Somatik) und die habituelle Dimension (Verhaltensweisen, Sprache, etc.).[106] Während nun – wie Aichberger argumentiert – alle Darstellungs- und Rezeptionsweisen in der heteronormativen Mehrheitsgesellschaft überwiegend als deckungsgleich angenommen und auf Grundlage dessen das Gegenüber einem von zwei Geschlechtern zugeordnet würde, hebelte die „tuntige Ästhetik“[107] diese Deckungsgleichheit aus. Somit würden Tunten und Drags keinesfalls in frauenfeindliche Nachahmungen verfallen, sondern die vorherrschenden Konventionen enttarnen und sich über sie hinwegsetzen.[108]

Reuters und Aichbergers Artikel sind Beiträge des Dossiers *drag it! Geschlecht umreißen, Ordnungen durchkreuzen, Drag erleben*. In diesem wenden sich die Stipendiat*innen der Arbeitsgruppe *Gender* und Feminismus* der *Heinrich-Böll-Stiftung* dem Themenkomplex Drag in vielfältiger Perspektive zu. Die Herausgeber*innen identifizieren in der gegenwärtigen Rede über Drag-Praktiken zum einen den „Vorwurf des bloßen Hedonismus und [eine] Dramatisierung lesbischer und schwuler Identität“[109], zum anderem eine Überbetonung von Drag als politische Praxis.

102 Reuter 2018, S. 40.

103 Ebd., S. 41.

104 Ebd., S. 44.

105 Vgl. ebd.

106 Vgl. Aichberger 2018, S. 48. Die hier in Klammern angegebenen Dichotomien (feminin/maskulin; weiblich/männlich; Frau/Mann) spiegeln das heteronormative Verständnis einer binären Geschlechterordnung, mit dem Drag arbeitet.

107 Ebd.

108 Vgl. ebd.

109 Brodersen u. a. 2018, S. 5.

Die Beiträge des Dossiers siedeln sich in ebendiesem Spannungsfeld an und verweisen in ihrer multiperspektivischen Herangehensweise auf die Vielseitigkeit von Drag-Praktiken. Im Kern werden drei Dimensionen hervorgehoben: Zunächst die Qualität von Drag, die Konturen von „Geschlecht in seiner sozialen Funktion"[110] aufzuzeigen und abzustecken; weiterhin das Vermögen, diese binären Konturen auf den Prüfstand zu stellen und zu brechen; zuletzt das Potenzial, Geschlecht jenseits des hegemonialen binären Ordnungsrahmens erlebbar zu machen.[111]

Ebenfalls in Rückbezug auf Judith Butler untersucht Melanie Dietz auf Basis ihrer teilnehmenden Beobachtungen bei Drag-Shows, mit welchen Darstellungsmechanismen Drag Queens und Drag Kings[112] auf der Bühne ebenso wie in ihren alltäglichen Lebensweisen Geschlecht auf unterschiedliche Weisen performativ hervorbringen. In einem aus ihrer Masterarbeit hervorgegangenen Artikel zeigt sie auf, inwiefern Drags mit „geschlechtlich codierten Stilmitteln, Gesten, Bewegungen und Darstellungsformen von Geschlecht"[113] experimentieren und so die soziale Konstruiertheit von Geschlecht sichtbar machen.

Der Unterschied zwischen dem performativen Handeln von Drag in Alltagssituationen und Bühnensituationen ist weiterhin Gegenstand des von Steffen Herrmann publizierten Artikels *Bühne und Alltag*. Der Soziologe formuliert die These, beiden Situationen würden unterschiedliche Motivationsschwerpunkte seitens der Drags zugrunde liegen. Während bei einer Bühnenperformance das Durchkreuzen von gängigen Vorstellungen von Geschlechtlichkeit (*crossing*) im Vordergrund stehe, würde es in Alltagssituation vielmehr um das Bestehen als Mann oder Frau gehen (*passing*).[114] Er verweist auf die bereits 1972 von Newton festgestellte Differenz zwischen *stage impersonators*, die Drag ausschließlich als Kunstform und Beruf definieren und die Performances auf Bühnensituationen begrenzen, und den *street impersonators*, die ihren Alltag in Drag bestreiten und gesellschaftlich weniger akzeptiert seien.[115] Er folgert, Bühne und Alltag seien zwei Orte, die unterschiedliche Inszenierungsarten hervorbrächten.[116] Sowohl bei Dietz als auch bei Herrmann ist die Figuration der Tunte von der Betrachtung ausgeschlossen.

Die Selbstbilder und Formen der Selbstorganisation von Tunten und Drags in Rio de Janeiro, New York und Berlin sind der Forschungsgegenstand von Carsten

110 Ebd.

111 Vgl. ebd., S. 5 ff.

112 Drag Kings sind als weitere Figuration des Drag-Phänomens Menschen, die „bei ihrer Geburt als weiblich klassifiziert wurden", sich gegengeschlechtlich kleiden und unterschiedliche „Männlichkeiten" inszenieren; Schirmer 2010, S. 15.

113 Dietz 2017, S. 139.

114 Vgl. Herrmann 2007, S. 115.

115 Vgl. ebd., S. 116; Newton 1972, S. 18 f.

116 Vgl. Herrmann 2007, S. 129. An dieser Stelle sei noch einmal darauf verwiesen, dass es zwischen Drags/Tunten und trans* Personen zu differenzieren gilt; vgl. Spahn 2018, S. 242.

Balzer. Sowohl in seiner Dissertation als auch in dem daraus hervorgegangenen Artikel *Gelebte Heteronormativitätskritik: Tunten in Berlin zwischen schwulenpolitischem und transgenderpolitischem Selbstverständnis* leistet Balzer auf der Basis seiner semi-narrativen Interviews mit zehn Berliner*innen, die sich als Tunten definieren, Grundlagenarbeit hinsichtlich der Selbstverständnisse von Tunten und Drag Queens und vollzieht einen interkulturellen Vergleich.[117] Er verweist mit Blick auf die deutsche Drag-Szene darauf, dass beide Figurationen in der wissenschaftlichen Auseinandersetzung bis dato kaum differenziert betrachtet würden. Vielmehr würden beide Identitäten beispielswiese im Rahmen medizinisch-psychologischer Diskurse als „homosexuelle Transvestiten" oder „effeminierte Homosexuelle" zusammengefasst und lediglich von „heterosexuellen Transvestiten"[118] und trans* Personen abgegrenzt.[119] In älteren ethnographisch-arbeitenden Auseinandersetzungen – wie etwa durch den Soziologen Hubert Knoblauch zum Thema Transvestismus – werden Tunten überhaupt nicht berücksichtigt und Drag Queens lediglich im Zusammenhang mit Performances und dem Genre Travestie in stark verkürzter Perspektive verhandelt.[120] Balzer füllt die Forschungslücke, indem er die historischen Entstehungslinien der Drag-Szenen in Berlin, New York und Rio de Janeiro aufarbeitet sowie die Charakteristika der Szenen und die Selbstverständnisse ihrer Mitglieder detailliert rekonstruiert.[121]

Zunehmend geraten in jüngster Zeit auch die Drag Kings – als Pendant zu den Drag Queens – in den Fokus wissenschaftlicher Aufmerksamkeit.[122] Die Untersuchungsschwerpunkte liegen hier unter anderem auf dem direkten Vergleich der divergierenden Kontexte, Formen und Stile der veranstalteten Shows beider Gruppierungen bei dem geteilten Ziel der Heteronormativitätskritik.[123] Im deutschsprachigen Raum und in Bezug auf die deutsche Drag-Szene setzt sich Uta Schirmer aus queertheoretischer sozialwissenschaftlicher Perspektive im Zuge einer qualitativen Forschung mit Drag Kings auseinander. Sie rekonstruiert die Wirkmächtigkeit der zweigeschlechtlichen Ordnung und zeigt das Potenzial auf, Alternativen zu dieser Ordnung zu schaffen.[124] Nina Schuster rückt in ihrer ethnographischen Studie – basierend auf der im Anschluss an Michel Foucault als Heterotopie verstandenen

117 Vgl. Balzer 2007a u. 2007b.
118 Balzer 2007a, S. 255.
119 Vgl. ebd.
120 Vgl. Knoblauch 1997; Balzer 2007a, S. 255.
121 Vgl. Balzer 2007a.
122 Vgl. u. a. Halberstam 1998.
123 Vgl. Rupp/Taylor/Shapiro 2010.
124 Vgl. Schirmer 2010.

Drag-King-Szene – vor allem die Produktion von Räumlichkeiten hinsichtlich körper- und interaktionsbezogener Aspekte in den Fokus.[125]

Während folglich insbesondere die performative Darstellung von Geschlecht und die politischen Potenziale innerhalb der Drag-Praktiken – ob im Alltag oder auf der Bühne – in den wissenschaftlichen Fokus der Betrachtung geraten, bleibt die Frage nach ökonomischem Handeln weitestgehend unberührt. So sind Berkowitz und Belgrave die einzigen Autor*innen, die sich explizit mit den ökonomischen Verhältnissen in der Lebensrealität US-amerikanischer Drag Queens auseinandersetzen. Sie proklamieren, diese seien nicht nur eine sozial marginalisierte Gruppe, sondern auch in ökonomischer Hinsicht Marginalisierungsprozessen ausgesetzt. In ihrer Studie *She Works Hard for the Money: Drag Queens and the Management of Their Contradictory Status of Celebrity and Marginality* verweisen sie einerseits auf die Kosten, die Drags in Form von Diskriminierung und Marginalisierung tragen müssten, andererseits betonen sie jedoch auch den Gewinn – etwa die Gage oder Momente der Selbstermächtigung.[126] Die durch Berkowitz und Belgrave formulierten Erkenntnisse deuten bereits an, dass ökonomisches Handeln nicht nur hinsichtlich der Beschaffung monetärer Mittel ins Gewicht fällt, sondern sich auch auf sozialer und kultureller Ebene wiederfindet und in weiterreichende gesellschaftliche Zusammenhänge verstrickt ist. Inwiefern Formen ökonomischen Handelns in der Lebensrealität von Tunten und Drags in der deutschen Drag-Szene eine Rolle spielen, ist Gegenstand der vorliegenden Arbeit. Diese wird als queertheoretisch informiert verstanden, da die soeben skizzierten Verhältnisse stets mitzudenken sind. Der Fokus liegt jedoch weder auf der Dekonstruktion der hegemonialen binären Geschlechterordnung noch auf möglichen alternativen Positionierungen, sondern auf konkreten Praktiken, die einen ökonomischen Bezug aufweisen.

125 Vgl. Schuster 2010.

126 Vgl. Berkowitz/Belgrave 2010, S. 181 f.

2.2 Ökonomie als kulturwissenschaftlicher Forschungsgegenstand

Grundsätzlich basiert die kapitalistische Wirtschaftsordnung im Kern auf den Konzepten des nutzenmaximierend handelnden homo oeconomicus, der unsichtbaren Hand[127] und der Zeitpräferenz[128]. Den konkreten ökonomischen Praktiken liegt das neoklassische Paradigma zugrunde, nach dem die freie Entfaltung des Unternehmertums als Herrschaftslogik ermöglicht und geschützt wird. Der Markt und die Produktion werden durch Angebot und Nachfrage reguliert und das für die souveräne Teilhabe am Wirtschaftssystem notwendige Kapital (Technologien, Fahrzeuge, Geld, Fabrikhallen, etc.) müssen sich Unternehmer*innen in Form von Privatbesitz aneignen.[129] Innerhalb dieser Ordnung werden vollständig „durchkapitalisierte Subjekte, die eine maximal marktvermittelte Lebensführung praktizieren"[130] angestrebt. Globale Makrotendenzen wie die Globalisierung, die zunehmende Digitalisierung sowie die verstärkte Finanzmarktorientierung sind Treiber, die die kapitalistische Wirtschaftsordnung weiter ausformen.[131]

Doch die Ökonomie und damit auch das ökonomische Handeln sind nicht nur in den populären Disziplinen der Wirtschaftswissenschaft wie der Betriebs- oder Volkswirtschaftslehre etablierte Forschungsgegenstände. Auch in der kulturwissenschaftlichen Forschung ist die Ökonomie zu einem Interessensgebiet avanciert. Insbesondere die Ökonomische Anthropologie als Teildisziplin der Kultur- und Sozialanthropologie und die europäisch-ethnologische Arbeitskulturenforschung beschäftigen sich intensiv mit der Ökonomie als Forschungsgegenstand. Aber auch in zahlreichen weiteren kulturwissenschaftlichen Arbeiten sind, wenn auch nicht zwangsweise als zentraler Gegenstand, ökonomische Bezugnahmen präsent.[132]

---

127 Das Konzept der unsichtbaren Hand bezieht sich auf das Leitbild des homo oeconomicus und beschreibt den „unsichtbaren" Konkurrenzmechanismus, durch den das nutzenmaximierend handelnde Individuum automatisch auch das Allgemeinwohl fördert, indem ohne weiteres Zutun ein Konkurrenzgleichgewicht erreicht wird; vgl. Woll 2018.

128 Das Konzept der Time Preference bezieht sich auf die Bevorzugung beispielsweise des Besitzes eines Gutes in der Gegenwart gegenüber einem zukünftigen Besitz; vgl. Wohltmann 2018.

129 Vgl. Seifert 2019, S. 170 f.

130 Ebd., S. 171 mit Verweis auf Ronge 2016, S. 18 f.

131 Vgl. Seifert 2019, S. 171. Manfred Seifert verweist weiterhin auf die Konkurrenz, in der das kapitalistische Wirtschaftssystem zum einen zu der christlich-basierten Ausprägung des Wirtschaftens innerhalb der katholischen Kirche (vgl. u. a. Rauscher 2008), zum anderen zu der sozialistischen Planwirtschaft (vgl. u. a. Friedreich 2008) steht; vgl. Seifert 2019, S. 171 f.

132 Da es sich bei der Ökonomie um einen Forschungsgegenstand handelt, der auf sehr vielseitige Weise in zahllose Auseinandersetzungen integriert ist, ist ein Überblick über sämtliche Forschungsstränge und -perspektiven im Rahmen dieser Arbeit nicht leistbar. Die Darstellung des Forschungsstandes bildet eine begrenzte Auswahl an Perspektiven und Zugängen ab, aus

Denn für sämtliche Formen ökonomischen Handelns gilt aus kulturwissenschaftlicher Sicht – und die Abgrenzung zu den klassischen Wirtschaftswissenschaften begründend –, was der Wirtschafts- und Sozialwissenschaftler Karl Polanyi bereits im Jahr 1944 formulierte: Sie sind immer in gesellschaftliche Zusammenhänge eingebunden und werden von ihnen hervorgebracht.[133] Ökonomie ist Bestandteil aller Bereiche menschlichen Lebens und „mit Werten, Normen, Weltbildern, Verwandtschaft, Politik u.a. verknüpft“[134]. Weiterhin ermöglicht das der kulturwissenschaftlichen Forschung zugrundeliegende Verständnis von Wirtschaft als prozessuale „Diskurs- und Praxisform(en)“[135], das ökonomische Handeln selbst aus vielfältiger Perspektive in den Blick zu nehmen.[136]

Gertraud Seiser konstatiert, ökonomisches Handeln situiere sich keinesfalls in einem machtfreien Raum, vielmehr sei es zeitgleich „Ursache und Folge von Unterdrückung und Zwang, global betrachtet von gravierenden und zunehmenden ökonomischen Ungleichheiten“[137]. Eine Kontextualisierung der Wirtschaft (des jeweils betrachteten Feldes) in etwa politische, soziale und ökologische Zusammenhänge sei somit bei jeder wissenschaftlichen Auseinandersetzung unabdingbar.[138]

Den Ausgangspunkt des Verständnisses von ökonomischem Handeln bildet in der anthropologischen Ökonomie der erstmals von dem französischen Ökonomen François Quesnay[139] formulierte Wirtschaftszyklus. Dieser umfasst die drei Phasen Produktion, Distribution und Konsum von Waren und Leistungen. Die einzelnen Phasen sind durch wirtschaftliches (sprich: ökonomisches) Handeln strukturiert.[140] Zunächst fokussierten die Ansätze der Ökonomischen Anthropologie jeweils eine der drei Phasen, seit der Jahrtausendwende jedoch dominieren zunehmend alle drei Phasen integrierende Sichtweisen.[141] Trotzdem hat sich ausgehend von dem Modell

---

denen im Anschluss der für diese Arbeit gewählte Forschungszugang destilliert wird. Vertieft werden die forschungsleitenden Stränge an entsprechender Stelle im Analysekapitel.

133 Vgl. Seiser 2017b, S. 36 mit Verweis auf Polanyi 1978 [1944]; Klein/Windmüller 2014, S. 8. Mit Tendenzen der Auseinanderentwicklung sowie der Wiederannäherung von Wirtschafts- und Kulturwissenschaften beschäftigen sich Hartmut Berghoff und Jakob Vogel in der von ihnen herausgegebenen Publikation *Wirtschaftsgeschichte als Kulturgeschichte*; vgl. Berghoff/Vogel 2004.

134 Seiser 2017a, S. 13.

135 Klein/Windmüller 2014, S. 8.

136 Vgl. ebd.

137 Seiser 2017a, S. 11f.

138 Vgl. ebd., S. 12.

139 François Quesnay gilt als Begründer und Hauptvertreter der ökonomischen Schule der Physiokratie. Sein in den 1750er Jahren entwickeltes Modell des wirtschaftlichen Kreislaufs (*Tableau économique*) wird als das erste theoretische Modell in der Wirtschaftsgeschichte gehandelt; vgl. Seiser 2017b, S. 24.

140 Vgl. ebd.; Hofstetter 2006, S. 114.

141 Vgl. Seiser/Thalhammer 2017, S. 56.

rund um die Phase des Konsums innerhalb der Ökonomischen Anthropologie der Zweig der Konsumanthropologie etabliert.[142] Definitionen von Konsum, die ausschließlich auf das Dreiphasenmodell Quesnays Bezug nehmen, greifen laut Maria Dabringer zu kurz. Sie betont die Relevanz der sozialen und kulturellen Prozesse, mit denen Konsum verzahnt ist und präferiert daher die Definition James Carriers, die dies berücksichtigt:

> „Consumption is the meaningful use people make of the objects that are associated with them. The use can be mental or material; the objects can be things, ideas or relationships; the association can range from ownership to contemplation."[143]

Dabringer argumentiert, dieses erweiterte Verständnis des Konsumbegriffs ermöglicht, das Konsumieren als soziales, identitätsstiftendes Handeln aufzufassen und auch die politische Dimension in die Auseinandersetzung zu integrieren.[144]

Einen zentralen Mechanismus des kapitalistischen Wirtschaftssystems stellt das Prinzip des Wettbewerbs und der Konkurrenz dar. Integriert in den kapitalistischen Ordnungsrahmen bringt das Wettbewerbsprinzip Anbieter*innen, Waren und Dienstleistungen sowie Nachfragende zueinander in Stellung.[145] Darüber hinaus sind Wettbewerbslogiken – so Markus Tauschek – entlang verschiedener Formate und Formen „in vielfältiger Weise veralltäglicht"[146]. Diese gilt es aus kulturwissenschaftlicher Perspektive zu unterscheiden. Von dem ökonomischen Wettbewerbsprinzip des Wirtschaftssystems zu differenzieren sind die „performativen, bisweilen spielerischen und ritualisierten Praktiken des (Leistungs-)Vergleichs"[147]. Gemeint sind hiermit etwa Castingshows, Schönheits- oder Architekturwettbewerbe oder auch die Exzellenzinitiative deutscher Universitäten.[148] Um der Mehrdeutigkeit des Begriffs Wettbewerb gerecht zu werden, präferiert Tauschek den Terminus der Kompetitivität. Mit der Verwendung dieser Alternative ließen sich „die verschiedensten Formen des Vergleichs und der Hierarchisierung" ansprechen, ohne „zwangsläufig in konkurrenzorientierte soziale Beziehungen [zu] münden"[149]. Somit würden auch solidarische Ausprägungen des Wettbewerbs berücksichtigt.[150]

142 Für einen Überblick über die Entstehungsgeschichte der Konsumanthropologie und den historisch kontextualisierten Wandel der Verständnisse von Konsum vgl. Dabringer 2017, S. 87 ff.
143 Carrier 2004 [1996], S. 128, zit. n. Dabringer 2017, S. 92.
144 Vgl. ebd., S. 111.
145 Vgl. Tauschek 2013, S. 14.
146 Ebd., S. 12.
147 Ebd., S. 14.
148 Vgl. ebd., S. 7 ff.
149 Ebd., S. 17.
150 Vgl. ebd.

Allen kulturwissenschaftlichen Untersuchungen ist gemein, dass sie das Leitbild des homo oeconomicus in seiner nutzenmaximierenden Handlungsweise als Grundlage des neoklassischen Paradigmas als verkürzt identifizieren[151]. Rational handeln Menschen entsprechend dem Leitbild nur, wenn unter mehreren Wahlmöglichkeiten die Entscheidung auf die Option „mit minimalem Aufwand maximale Bedürfnisbefriedigung erreich[en]“[152], fällt. Mit kulturwissenschaftlichen Erkenntnissen aus empirischen Forschungen lässt sich dieses Konzept jedoch als unhaltbar dekonstruieren. Vielmehr zeigt sich eine parallele Existenz verschiedener Ausformungen dieser benannten Rationalität, denn altruistische Handlungsmotive, die sich an Gemeinschaften oder Traditionen ausrichten, sind in den Lebensrealitäten der Menschen ebenso präsent.[153] Vor diesem Hintergrund verfechten Chris Hann und Keith Hart ein Verständnis von Ökonomie als ein Spannungsfeld zwischen Eigeninteresse und Marktlogik auf der einen und Gemeinschaftssinn und gesellschaftlichem Verantwortungsbewusstsein auf der anderen Seite.[154]

Karl Braun und andere konstatieren, ökonomischem Handeln in seinen vielfältigen Formen sei stets das Moment der Entscheidung inhärent, denn es ergibt sich ein Handlungsspielraum, in dem es auf Basis „der Grundlage vorhandener Ressourcen und unter den Bedingungen gesellschaftlicher Reglements“[155] zwischen Alternativen abzuwägen gilt. Hinsichtlich der rahmenden Machtverhältnisse könne ökonomisches Handeln zum einen ordnungsstabilisierend und bedürfnisbefriedigend wirken, zum anderen seien ihm zudem Mechanismen der Exklusion und Distinktion sowie die Möglichkeit des Scheiterns immanent.[156] Die Frage nach Handlungsspielräumen innerhalb ökonomisierter Lebensbereiche, Widerstandspotenzialen und sogar der Ökonomisierung etwaiger Widerständigkeiten (beispielsweise hinsichtlich des Nachhaltigkeitsdiskurses) bildet einen Schwerpunkt der volkskundlichen Forschung zu Ökonomie.[157]

Ein weiterer gegenwärtig viel diskutierter Zugang eröffnet sich über die Prämisse, ökonomisches Handeln nicht auf Praktiken der Subsistenzsicherung zu reduzieren. Zusätzlich zu diesen, dem kapitalistischen Wirtschaftssystem zuordenbaren Praktiken „des Verwaltens und sparsamen Haushaltens, des Ordnens und Kalkulierens, des Handelns und Tauschens“[158] sind auch „Praktiken des Gebens, Schen-

151 Vgl. Seiser 2017b, S. 46; Meyer 2014, S. 131.

152 Seiser/Thalhammer 2017, S. 60.

153 Vgl. ebd., S. 60 ff.

154 Vgl. Hann/Hart 2011, S. 172 f.

155 Braun u. a. 2019, S. 11.

156 Vgl. ebd. Dem wirtschaftlichen Scheitern widmet sich aus europäisch-ethnologischer Perspektive beispielsweise Silke Meyer in ihrer Habilitationsschrift zum narrativen Umgang mit Verschuldung; vgl. Meyer 2017.

157 Für einen Überblick vgl. Koch/Näser-Lather 2019.

158 Braun u. a. 2019, S. 11.

kens und Teilens, des Wünschens und der Suche nach dem guten Leben“[159] dem ökonomischen Handeln zuzurechnen. Sie überschreiten die Ränder des Ordnungsrahmens des kapitalistischen Wirtschaftssystems – in diesem Zusammenhang wird oftmals von Formen alternativen Wirtschaftens[160] gesprochen.

Manfred Seifert sieht in der Alternativökonomie ein Feld „reflexiver, handlungspraktisch unterströmter Neuorientierungen“[161], in dem sich heterogene Formen des Wirtschaftens ansiedeln. Diese erscheinen in vielfältiger Weise (von Solidarischer Ökonomie bis zur Umsonst-Ökonomie), in verschiedenen Anwendungsfeldern (u.a. Kunst oder Medien), mit unterschiedlich ausgeprägten Zielorientierungen (u.a. Ablehnung der kapitalistischen Wirtschaftsordnung oder schlicht Bastellust) und differenten Wirtschaftsstilen (z.B. ökonomisches Handeln als Ausdruck „subjektbestimmter lebensweltlicher Handlungsweisen“[162] oder im Sinne kapitalistischer Geschäftsmodelle). Obgleich sich die Formen alternativen Wirtschaftens häufig von der Logik und den Mechanismen des kapitalistischen Wirtschaftssystems abzugrenzen suchen, können sie sich nicht vollständig vom antagonistischen kapitalistischen Modell lösen. Beide Wirtschaftsmodelle stehen (zumindest im europäischen Wirtschaftsraum) in einem hierarchischen Verhältnis zueinander. Die deutliche Dominanz der kapitalistischen Ökonomie gegenüber der Alternativökonomie führt zu einem Hierarchiegefälle. Die Praktiken der alternativen Ökonomie können sich nicht völlig abgelöst von ihrem kapitalistischen Umfeld situieren.[163]

Thomas Widlok befasst sich insbesondere mit den sozialen Praktiken des Teilens als alternative Formen wirtschaftlichen Handelns. Er widerspricht jedoch dem verbreiteten Gedanken, Praktiken des alternativen Wirtschaftens würden utopische Ziele eines besseren Wirtschaftens verfolgen. Vielmehr zeigt er ausgehend von sozialen Praktiken, dass „wir heute bereits in hohem Maße anders wirtschaften als es die herkömmliche marktwirtschaftliche Sicht nahelegt“[164]. Neben einer Marktpartizipation durch ökonomische Praktiken wie Kaufen und Verkaufen nähmen viele Menschen durch nicht-kommerzielle Transfers – etwa Praktiken des Teilens oder Austauschens – an der Wirtschaft teil.[165]

Im Zusammenhang alternativer Formen des Wirtschaftens sind auch alternative Formen von Ressourcen mitzudenken. Grundsätzlich stellen Ressourcen einen

159 Ebd.

160 Vgl. u.a. Widlok 2019; Seifert 2019; Kuhn 2019.

161 Seifert 2019, S. 172.

162 Ebd., S. 173.

163 Vgl. ebd., S. 172ff.

164 Widlok 2019, S. 36.

165 Vgl. ebd., S. 36ff. Widlok betont in diesem Zusammenhang den handlungspraktischen Unterschied zwischen Teilen und Austauschen und definiert sie als gegensätzliche Transferformen; vgl. ebd., S. 41ff.

zentralen Gegenstand in der Auseinandersetzung mit dem Themenfeld der Ökonomie dar.[166] Da innerhalb der kulturwissenschaftlichen Forschung bislang keine fachbezogene Definition dieses Begriffs existiert, orientiert sich der Gebrauch an der wirtschaftswissenschaftlichen Definition.[167] Zu den zentralen Kategorien dieses Ressourcenbegriffs zählen Arbeit, Boden und Kapital.[168] Grundsätzlich bezeichnet eine Ressource eine Quelle oder auch ein „Mittel zur Erreichung eines Ziels"[169] – vieles kann als Ressource verstanden werden, solange der Mittelcharakter und der Nutzen im Vordergrund stehen.[170] Ihren Ressourcencharakter erlangen die materiellen und immateriellen „Dinge" in einem komplexen Aushandlungsprozess, „durch kulturell und sozial bedingte Zuschreibungen"[171]. Ob eine Ressource als wertvoll, knapp oder nützlich verstanden wird, hängt entsprechend von dem sozialen Aushandlungsprozess und der reziproken Beziehung zwischen den beteiligten Akteur*innen (Menschen, Dinge, Institutionen) ab.[172] Ein bestimmendes Element im Zusammenhang mit Ressourcen und ökonomischem Handeln stellt die Knappheit dar.[173]

Die zentrale Ressource im Kontext des materiellen Kapitalismus ist das Geld. Mit seiner Kapitaltheorie erweitert der französische Soziologe und Philosoph Pierre Bourdieu den rein ökonomisch ausgelegten Kapitalbegriff der Wirtschaftstheorie, welche die gesellschaftlichen Austauschbeziehungen auf den auf Profitmaximierung fokussierten Warentausch reduziere.[174] Da, wie gezeigt, das Leitbild des homo oeconomicus zu kurz greift, ist es notwendig, auch jene Praxisformen in die Betrachtung ökonomischen Handelns zu integrieren, „die zwar ökonomischen Charakter tragen, aber als solche im gesellschaftlichen Leben nicht erkannt werden und auch nicht erkennbar sind"[175]. Kapital definiert Bourdieu weitgefasst als das Ergebnis von Arbeit in materieller oder inkorporierter Gestalt. Es handelt sich um eine „Kraft, die den objektiven und subjektiven Strukturen innewohnt" [176], die ein Grundprinzip der Struktur der sozialen Welt darstellt. Vor diesem Hintergrund identifiziert der Soziologe neben dem ökonomischen Kapital zusätzlich das kulturelle Kapital (etwa Bildung, spezifisches Wissen), das soziale Kapital (resultiert aus Grup-

166 Im Jahr 2014 fand in Kiel die Arbeitstagung *Zum Umgang mit begrenzten Ressourcen. Kulturwissenschaftliche Positionen* statt. Zu den Forschungsschwerpunkten in diesem Gebiet vgl. Tauschek/Grewe 2015.

167 Vgl. Welz 2015, S. 37.

168 Eine ausführliche Diskussion der drei Grundkategorien findet sich bei Seiser/Thalhammer 2017, S. 58 ff.

169 Bürkert 2019, S. 623.

170 Vgl. Seiser/Thalhammer 2017, S. 60.

171 Bürkert 2019, S. 624; Tauschek 2015, S. 14 ff.

172 Vgl. Bürkert 2019, S. 624; Seiser/Thalhammer 2017, S. 59 f.

173 Vgl. ebd., S. 60.

174 Vgl. Bourdieu 1983, S. 183 f.

175 Ebd., S. 184.

176 Ebd., S. 183.

penzugehörigkeit) und schließlich als Sonderform das symbolische Kapital (etwa gesellschaftliche Anerkennung).[177] Die drei letztgenannten Kapitalformen sind in gewissem Umfang in ökonomisches Kapital konvertierbar.[178] Mit seiner Konzeptualisierung des erweiterten Kapitalbegriffs erschafft Bourdieu eine „,Ökonomie der Praxis', welche zwar inhärent ,das ökonomische Kalkül' der Maximierung beibehält, diese aber auf sämtliche Bereiche der sozialen Interaktion erweitert"[179]. Mit dieser Perspektivierung wird Bourdieus Kapitaltheorie auch für kulturwissenschaftliche Analysen im Umfeld der Ökonomie fruchtbar.[180]

Noch einen Schritt weiter geht der Volkswirt Georg Franck, der die im materiellen Kapitalismus zentrale Ressource Geld nicht wie Bourdieu erweitert, sondern vollständig durch die Ressource Aufmerksamkeit ersetzt. Franck konstruiert damit ein alternatives Wirtschaftssystem – den mentalen Kapitalismus, der sich im vierten Wirtschaftssektor – der Informationsökonomie – ansiedelt.[181] Die Überlegungen basieren auf der Einschätzung Francks, dass Aufmerksamkeit als knappe Ressource das von Menschen begehrteste Gut ist und den Besitz jeder anderen Ressource übertrumpft.[182] Aufmerksamkeit definiert Franck in der Zusammenfügung der englischen Begriffe „attention" („das gezielte Achtgeben") und „awareness" („der Zustand der wachen Achtsamkeit"[183]). Aufmerksamkeit meine „immer sowohl die Kapazität zu selektiver Informationsverarbeitung als auch de[n] Zustand der Geistesgegenwart"[184].

Elementare Kapitalsorten bilden nach Franck hierarchisch aufsteigend das Prestige, die Reputation, die Prominenz und der Ruhm.[185] Während es für die Annahme von Prestige reicht, „lediglich etwas über dem Durchschnitt bekannt zu sein"[186], zeichnet sich die nächste Stufe der Reputation darüber aus, reich an Beachtung zu sein, die von Menschen gegeben wird, denen selbst ein großes Maß an Beachtung entgegengebracht wird.[187] Über Prominenz verfügen Menschen, die Teil des öffentlichen Bewusstseins sind. Die ihnen entgegengebrachte Beachtung basiert auf ihrem öffentlichen Status und bezieht sich nicht mehr auf die einstigen Gründe, durch die

177 Vgl. ebd., S. 184 ff.
178 Vgl. ebd., S. 186.
179 Meyer 2014, S. 132.
180 Vgl. u. a. Meyer 2014.
181 Vgl. Franck 1998, S. 154.
182 Vgl. Franck 1998, S. 10.
183 Ebd., S. 29 u. S. 28.
184 Ebd., S. 30. Jörg Bernardy – promovierter Philosoph und freier Autor – attestiert Franck in diesem Zusammenhang eine sprachliche wie inhaltliche Anlehnung an die Phänomenologie Martin Heideggers; vgl. Bernardy 2014, S. 17.
185 Vgl. Franck 1998, S. 118 f.
186 Ebd., S, 119.
187 Vgl. ebd.

sie Aufmerksamkeit erregten. Sollte das Maß an Bekanntheit ausreichen, um eine unbegrenzte Fortführung der Beachtung zu sichern – selbst über den Tod hinaus und ohne jeden Bezug zu der ursprünglichen Quelle der Aufmerksamkeit –, dann ist nach Franck von Ruhm die Rede.[188] Um sich die Kapitalien anzueignen, sind folglich zwangsläufig andere Menschen notwendig, die die Aufmerksamkeit *geben*. Dieser Moment impliziert den machtvollen Charakter der Ressource Aufmerksamkeit, denn, so Franck: „Die Aufmerksamkeit anderer Menschen ist die unwiderstehlichste aller Drogen. Ihr Besitz sticht jedes andere Einkommen aus."[189] Über gegenseitige Beachtung findet folglich eine Strukturierung (beispielsweise innerhalb einer Gruppe) statt.

Ein weiterer Forschungsstrang in der kulturwissenschaftlichen Auseinandersetzung mit Ökonomie fokussiert den postfordistischen Wandel von Arbeit und Arbeitskulturen. Diese Forschungen sind vor allem in der europäisch-ethnologischen Arbeitskulturenforschung zu verorten. Insbesondere Prozesse von Entgrenzung und Subjektivierung werden dezidiert beobachtet und Neuorientierungen in Bezug auf das Verständnis von Arbeit und Nicht-Arbeit identifiziert.[190] Die wachsende Flexibilisierung von Arbeitszeiten und -orten, die Zunahme von atypischen Arbeitsverhältnissen und die Integration von Kreativität und Emotionen in die Arbeitsleistung führen zu neuen Ansprüchen an die Konzepte alltäglicher Lebensführung.[191] An diese Perspektive schließen Forschungen an, die die Formen und Logiken der Ökonomisierung des Selbst in den Fokus nehmen.[192]

Manfred Seifert plädiert im Zusammenhang kulturwissenschaftlicher Forschung für eine Konzeptualisierung von Wirtschaft, die sowohl das persönliche lebensweltliche Wirtschaften als auch das unternehmerische Handeln berücksichtigt.[193] Der dieser Arbeit zugrundeliegende Forschungszugang ergibt sich dementsprechend aus einer Schnittmenge der soeben dargestellten Perspektiven. Es handelt sich folglich um einen multiperspektivischen Zugang, der es erlaubt, praxisnah und subjektorientiert den vielfältigen Erscheinungsformen ökonomischen Handelns kontextgebunden gerecht zu werden.

Im Anschluss an den Forschungsstrang der Konsumanthropologie, insbesondere unter Berücksichtigung des erweiterten Verständnisses von Konsum als soziale

188 Vgl. ebd., S. 118.
189 Ebd., S. 10.
190 Vgl. Herlyn u. a. 2009, S. 9.
191 Vgl. Schönberger 2007. Zur Integration von Emotionen und Affekten in unternehmerisches Handeln vgl. u. a. Seifert 2014, zu dem Verhältnis von Kreativität und Ökonomie vgl. u. a. Althans u. a. 2008.
192 Vgl. u. a. Eggmann 2019; Wolff 2019.
193 Vgl. Seifert 2019, S. 169.

und identitätsstiftende Praktik, werden die Konsumpraktiken der Tunten und Drags in den Blick genommen.

Der volkskundliche Forschungsstrang zu Alternativökonomien erscheint gewinnbringend, um Erscheinungen von ökonomischem Handeln in den stark betonten Netzwerkstrukturen zu analysieren. Forschungsleitend ist hierbei der Ansatz, ökonomisches Handeln von einem engen Verständnis im kapitalistischen Sinne zu lösen und auch beispielsweise altruistisch motivierte Praktiken oder solche, die auf dem Prinzip der Reziprozität beruhen, in die Betrachtung zu integrieren. Auch die Überlegungen Francks zu dem Konzept des mentalen Kapitalismus als Alternative zum kapitalistischen Wirtschaftssystem werden genutzt, um auf Basis seiner Setzung von Aufmerksamkeit als zentrale Ressource Erscheinungsformen ökonomischen Handelns auf den Grund zu gehen.

Schließlich erfolgt ein Anschluss an die Ansätze der europäisch-ethnologischen Arbeitskulturenforschung, die im Zuge der postfordistischen Arbeitsstrukturen zunehmende Subjektivierungs- und Flexibilisierungsprozesse diagnostizieren. Diese werden mit dem Faktor Kreativität verknüpft und zur forschungsleitenden Perspektive, die viele der im Vorfeld erarbeiteten Erkenntnisse in einem größeren Rahmen zusammenbindet.

3. Methodisches Vorgehen

Das methodische Design der vorliegenden Studie ist in Anlehnung an den handlungsorientierten Forschungsstil der Grounded Theory nach Anselm Strauss konzipiert.[194] Diese eignet sich insbesondere für eine Untersuchung lebensweltlicher Phänomene und Handlungsmuster.[195] In den folgenden Abschnitten soll der Forschungsprozess dargestellt werden. Zunächst erfolgt der Blick auf den Prozess der Datenerhebung und das auf diesem Weg generierte Materialkorpus als Grundlage der Analyse. In einem zweiten Schritt wird der Auswertungsprozess in den Blick genommen, um schließlich in eine Methodenreflexion mit anschließenden reflektierenden Gedanken zu meiner Rolle als Forscherin überzugehen.

3.1 Datenerhebung

Hinsichtlich des Forschungsziels – die Erscheinungen ökonomischen Handelns in der Lebensrealität der Mitglieder der Drag-Szene zu rekonstruieren – ist ein subjektorientiertes Vorgehen zentral. Die Europäische Ethnologin Marketa Spiritova betont das Potenzial lebensgeschichtlicher Methoden, „biografische (Re)Konstruktionen, Identitätsentwürfe, Wahrnehmungen, Erfahrungen, Deutungen und Handlungsmotive der Menschen zu erkunden"[196], um so ein umfängliches Verständnis ihrer Lebensweise zu generieren. Von Interesse war folglich die emische Perspektive der Interviewpartner*innen, der mithilfe eines explorativen Forschungsdesigns und Methoden der ethnographischen Feldforschung nachgespürt wurde.

3.1.1 Zugang zum Forschungsfeld und Sampling

Im Rahmen einer sehr offenen Herangehensweise wählte ich lediglich eine einzige Voraussetzung für potenzielle Gesprächspartner*innen: Sie sollten sich selbst als Tunte oder Drag Queen identifizieren. Doch trotz dieser Offenheit gestaltete sich der Feldzugang sehr zeitintensiv. Da die Organisationsstrukturen der Drag-Szene für Außenstehende zunächst intransparent sind und viele Tunten und Drags auf

194 Zum Forschungsstil der Grounded Theory vgl. Strauss/Corbin 1996; Breuer u. a. 2019; Götzö 2014.

195 Vgl. Breuer u. a. 2019, S. 2.

196 Spiritova 2014, S. 120.

medial vermittelte Interviewanfragen skeptisch oder auch ablehnend reagierten[197], nahm die Figur der Gatekeeperin einen zentralen Stellenwert ein. So erwies es sich als Glücksfall, dass ich zu Beginn meiner Suche nach Kontaktpersonen über ihr Engagement innerhalb der queeren Community in Kiel auf Ivana stieß, die sich zum einen selbst als Tunte identifiziert und gleichzeitig über viele Kontakte in die Tunten- und Drag-Szene verfügt. In einem informellen Gespräch brachte ich mein Forschungsinteresse zum Ausdruck und erhielt erste Einblicke in die Kontexte der in Kiel lebenden Tunten und Drags sowie weitere Kontakte, die Ivana mir für die angestrebten Interviews empfahl.[198] So wurde sie zu meiner Vermittlerin, stellte Kontakte zu potenziellen Interviewpartner*innen her und legitimierte mich ihnen gegenüber als vertrauenswürdige Forscherin.[199] Sie unterstützte mich tatkräftig dabei, das sogenannte Schneeballprinzip anzustoßen, über welches ich im Rahmen des theoretischen Samplings schließlich insgesamt sechs Interviewpartner*innen gewinnen konnte.[200]

Eine aus forschungsökonomischen Gründen zunächst angedachte lokale Limitierung des Forschungsfelds auf den Kieler Stadtraum wurde zugunsten einer Orientierung an dem Ansatz der multi-sited ethnography des US-amerikanischen Kulturanthropologen George Marcus aufgegeben. Aufgrund des sich als sehr fluide darstellenden Feldes folgte der Forschungsprozess der follow-the-people-Vorgehensweise.[201] Zwar wurden im Rahmen dieser Arbeit keine aktuellen Mobilitätsbewegungen der Interviewpartner*innen verfolgt (wie etwa in der europäisch-ethnologischen Migrationsforschung üblich[202]), jedoch wurde der Schauplatz von Kiel als Ausgangspunkt mobil erweitert, indem zwei Interviewpartnerinnen, die aus Kiel nach Berlin zogen, in ihrer neuen Heimat und ihrem neuen Umfeld aufgesucht wurden. Diese nicht ortsgebundene Form der Feldforschung berücksichtigt den Einsatz omnipräsenter distanzüberwindender Kommunikations- und Mobilitätsmittel und betrachtet den konkreten geographischen Ort als „eine von vielen Lokalisierungen des Globalen“[203]. Diese Perspektive eignet sich im Besonderen für die Untersuchung der Drag-Szene, die vornehmlich in den deutschen Großstädten floriert.[204] Aufgrund

197 Später erklärte mir Sanda Meer im Vorfeld unseres Interviews, viele der mit ihr befreundeten Drags oder Tunten würden insbesondere in den sozialen Netzwerken oftmals mit skurrilen und auch unangemessenen Anfragen konfrontiert und somit zumeist sehr zurückhaltend reagieren; vgl. Gesprächsdokumentation Sanda Meer vom 28.01.2019, Z. 46 ff.

198 Vgl. Informelles Gespräch mit Ivana Bendova vom 10.01.2019.

199 Vgl. Dobeneck/Zinn-Thomas 2014, S. 88 f.

200 Vgl. Breuer u. a. 2019, S. 226 u. S. 156 ff.; Schmidt-Lauber 2007, S. 173; Dobeneck/Zinn-Thomas 2014, S. 89 ff.

201 Vgl. Marcus 1995, S. 106.

202 Vgl. u. a. Hess 2005.

203 Welz 1998, S. 191.

204 Vgl. Brodersen u. a. 2018, S. 5.

der hohen Mobilität bestehen Wechselbeziehungen zwischen den einzelnen „Hotspots“. Wie das später angeführte Beispiel der *Schlösschentunten* zeigt, existieren auch ortsungebundene Gruppierungen, die über das Internet, wechselseitige Besuche und regelmäßig stattfindende Vernetzungstreffen in Kontakt stehen. Diesem Umstand trägt der multilokale Ansatz Rechnung, indem er berücksichtigt, dass individuelle Aktionsräume zunehmend über den konkreten Wohnort eines Individuums hinausgehen.[205]

Vor diesem Hintergrund wurden schließlich sechs narrative Interviews mit Menschen geführt, die sich selbst als Tunte oder Drag Queen definieren. Drei der Tunten und Drag Queens leben und wirken zum Zeitpunkt der jeweiligen Interviews in Kiel, zwei haben ihre ersten Erfahrungen als Tunten in Kiel erlebt, zogen später jedoch nach Berlin. Das Altersspektrum der Interviewpartner*innen umfasst eine Spanne von 23 bis 44 Jahren. Sie sind in unterschiedlichem Umfang als Tunte oder Drag Queen aktiv und auch ihr Empfinden über die Zugehörigkeit zu einer spezifischen „Szene“ oder Community schwankt in großem Ausmaß. Insgesamt weist das Sample folglich ein hohes Maß an Heterogenität auf.[206] Drag Kings wurden nicht kategorisch ausgeschlossen, doch ergab sich durch den follow-the-people-Ansatz und auch mithilfe der Gatekeeperin kein Kontakt.[207]

3.1.2 Narrative Interviews

Im Rahmen einer europäisch-ethnologischen subjektorientierten Forschung sind qualitative Forschungsansätze unumgänglich, um dem zu untersuchenden Forschungsgegenstand in größtmöglicher Nähe und Offenheit zu begegnen. Dies ist notwendig, um Zugang zu den Handlungs- und Deutungsmustern und somit auch den subjektiven Lebensentwürfen der individuellen Gesprächspartner*innen zu erhalten.[208] Die Wahl fiel daher auf die Methode des offenen Interviews in seiner narrativen Ausprägung, welches den Interviewpartner*innen durch den Verzicht auf strukturierende Fragen einen großen Freiraum zum Erzählen bietet. Des Weiteren wurde ein Fokus auf lebensgeschichtliche, sprich: *biographische*, Erzählungen gelegt, um zu den Identitätsentwürfen sowie Wahrnehmungs- und Erfahrungsweisen der Forschungssubjekte vor dem Hintergrund ihrer biographischen Geschichte und in Zusammenhang mit den historischen Rahmenprozessen vorzudringen und diese entsprechend kontextualisieren zu können.[209]

---

205 Vgl. Welz 1998, S. 181.

206 Eine detailliertere Vorstellung der Interviewpartner*innen erfolgt in Kapitel 3.4.

207 In Anbetracht der zwei bereits existierenden Ethnographien über Drag Kings (Schirmer 2010, Schuster 2010) wurden sie im Folgenden von der Betrachtung ausgeklammert.

208 Vgl. Schmidt-Lauber 2007, S. 169.

209 Vgl. Spiritova 2014, S. 120.

Zum Gesprächsbeginn legte ich meinen Interviewpartner*innen eine vorbereitete *Mindmap* mit der Bitte vor, sie im Rahmen eines Brainstormings mit allen spontanen Assoziationen zu füllen, die ihnen zu der mittig platzierten Beschriftung *Drag Queen/Tunte* in den Sinn kämen. Zum einen bezweckte ich hiermit eine Auflockerung der Gesprächssituation und ein Eindenken in die Thematik. Zum anderen verfolgte ich auch ein inhaltlich relevantes Ziel: Über die Methode der Mindmap wollte ich Daten generieren, die Rückschlüsse auf die Selbstbilder und -verständnisse meiner Interviewpartner*innen zulassen.

Zudem hatte ich im Vorfeld gebeten, persönliche Gegenstände herauszusuchen und gegebenenfalls zum vereinbarten Gespräch mitzubringen – seien es Perücken, Fummel, Fotos, Videos oder andere Gegenstände. Auch diese Gegenstände lieferten nach Beendigung der ersten Erzählungen Gesprächsanreize, lockten subjektive Erinnerungen und entsprechend detailreiche weitere Erzählungen hervor.[210] Darüber hinaus konnte ich einige der gezeigten Gegenstände fotografisch dokumentieren und die Fotos dem Materialkorpus hinzufügen.

Da vertraute, themenbezogene Orte die optimale Grundlage für ein offenes Erzählen bilden, fanden drei der Interviews in den Privatwohnungen der Interviewpartnerinnen statt.[211] Dies bot darüber hinaus den Vorteil, tiefere Einblicke in ihre persönliche Lebenswelt zu erlangen.[212] Die weiteren drei Gespräche führte ich jeweils in den Räumen der Kieler *HAKI e. V.*, die zu den regelmäßigen Aufenthaltsorten der drei Interviewpartner*innen zählen. Mit diesen Räumen stellt der Verein für „lesbische, schwule, bi*, trans*, inter* und queere Menschen in Schleswig-Holstein"[213] eine themenbezogene Lokalität zur Verfügung, die Sicherheit bietet.[214]

Die erhobenen Interviewdaten wurden unter Berücksichtigung einheitlicher Transkriptionsregeln in schriftliche Transkripte überführt und für die Analysearbeit aufbereitet.

210 Vgl. Schmidt-Lauber 2007, S. 179.

211 Vgl. ebd., S. 175 u. S. 178.

212 Vgl. Spiritova 2014, S. 123.

213 Vgl. *HAKI e. V.* 2019.

214 Ausführliche Gesprächsdokumentationen geben Auskunft über die Begebenheiten der Treffen, die nicht vom Aufnahmegerät erfasst wurden. Dazu zählen etwa eine Beschreibung der Räumlichkeiten, der Gesprächsatmosphäre und Gesprächscharakter (mal in der Tendenz monologisch, mal dialogisch) oder der Vor- und Nachgespräche. Zudem wurde zur besseren Verwaltung des erhobenen Materials eine Gesprächspartner*innen-Kartei angelegt, in der persönliche Daten (Geburtsjahr, Tätigkeit), Kerndaten des Gesprächs (Datum, Uhrzeit, Dauer) sowie Kontaktdaten tabellarisch erfasst wurden.

3.1.3 Materialkorpus

Der Großteil des Materialkorpus setzt sich aus den sechs Interviewtranskripten, den dazugehörigen Gesprächsdokumentationen, der Dokumentation des informellen Gesprächs mit Ivana in der Rolle als Gatekeeperin sowie den während der Interviews entstandenen *Mindmaps* und *Fotos* zusammen.[215] Die Gesprächsdokumentationen sind Teil des Forschungstagebuchs, welches ich über den gesamten Forschungsprozess hinweg führte. In ihm notierte ich darüber hinaus Gedankengänge, Fragen oder auch Ideen hinsichtlich der Analyse des Materials.

Obgleich der Fokus der Analyse auf den narrativen Interviews als Hauptquelle liegt, wurde das Materialkorpus um einige weitere Materialien ergänzt – dies auch, da qualitative Interviews zwar einen Zugriff auf Deutungs- und Handlungsmuster sowie Lebenswelten ermöglichen, jedoch keinesfalls als „Quelle realen Verhaltens im Alltag“[216] missverstanden werden dürfen. Denn letztendlich werden Aussagen durch die Gesprächspartner*innen getätigt, die vermitteln, wie sie sich selbst sehen und von außen wahrgenommen werden *möchten*.[217] Daher ist es wichtig – wie Rolf Lindner formuliert – sich mit allen Sinnen in das Forschungsthema „hineinzubegeben“[218]. Auch wenn eine „totale Immersion“[219] der Forscherin aus forschungsökonomischen Gründen in dem hier vorliegenden Fall nicht leistbar war, begab ich mich doch auf einen Wahrnehmungsspaziergang – eine aus der Stadtforschung entlehnte Methode, um erste Eindrücke von dem Feld zu gewinnen – und eine teilnehmende Beobachtung, während derer ich mich in das Feld einzufühlen versuchte.[220]

Im Rahmen des Wahrnehmungsspaziergangs flanierte ich zu Beginn des Forschungsprozesses für einige Stunden eines Samstagabends durch den Bereich der Reeperbahn und der Großen Freiheit im Hamburger Stadtteil St. Pauli, der als populärer Standort zahlreicher Lokalitäten der Olivia Jones-Familie einen vielversprechenden ersten Anlaufpunkt darstellte. Hierbei erhielt ich insbesondere Einblicke in die kommerzialisierten Kontexte der Drag-Szene. Die teilnehmende Beobachtung führte mich im späteren Verlauf der Forschung während des Forschungsaufenthalts in Berlin in die *Monster Ronsons's Ichiban Karaoke*-Bar, wo ich mir der Einladung

215 Eine Übersicht über das vollständige Materialkorpus findet sich im Anschluss an das Literaturverzeichnis.

216 Schmidt-Lauber 2007, S. 172.

217 Vgl. ebd.

218 Lindner 2003, S. 186.

219 Ebd.

220 Zur Methode des Wahrnehmungsspaziergangs vgl. u. a. Kaschuba 2012, S. 211; Windmüller 2013, S. 432 f.; Leipold 2015, S. 92 ff. Zur Methode der teilnehmenden Beobachtung vgl. Kaschuba 2012, S. 196 ff.; Cohn 2014, S. 71 ff.

einer Interviewpartnerin folgend die Drag-Show *PokeHouse* ansah, bei der sie selbst mit einer Performance auftrat.[221]

Ergänzend wurden auch Quellen jenseits der selbsterhobenen Feldforschungsdaten in die analytische Betrachtung integriert, indem etwa zahlreiche Feldhinweise auf Zusatzmaterial verfolgt wurden. Wie Lindner zeigt, können verschiedenste „Diskurstypen, Medien und Textgattungen [...] von hohem thematischen Belang"[222] sein und bei einer Annäherung an die Komplexität des Phänomens in seiner Vielfalt helfen.[223] Hierzu zählen im Fall der vorliegenden Arbeit unter anderem von Tunten und Drags produzierte *YouTube*-Videos, nicht-wissenschaftliche Publikationen mit inhaltlichem Bezug zur Drag-Szene, themenbezogene Wiki-Artikel, Fernsehsendungen, in denen Tunten und Drags zu Gast sind, und themenbezogene Zeitungs- beziehungsweise Zeitschriftenartikel.[224]

3.2 Datenauswertung

Hinsichtlich der explorativen Fragestellung ist für die Analyse der im Materialkorpus zusammengestellten Daten ein offener Zugang unumgänglich, der es ermöglicht, induktiv aus dem Material Rückschlüsse auf die Lebensweisen, Handlungs- und Deutungsmuster der Tunten und Drag Queens zu ziehen. Nachdem das Material erhoben wurde, orientiert sich der Auswertungsprozess an einem Modus des ständigen Vergleichens, währenddessen in einem dreistufigen Kodierprozess (offenes, axiales und selektives Kodieren) Codes, Kategorien und Beziehungs- wie Hierarchieverhältnisse zwischen ihnen aus dem Material herausgearbeitet werden.[225] Hierbei geht es darum, „relevante Handlungen zu erkennen, die Konstruktion der spezifischen, interessierenden Wirklichkeit in den Handlungen zu sehen und festzuhalten"[226]. In dem iterativ angelegten Auswertungsprozess erfolgt eine beständige Rekodierung des Materials unter Berücksichtigung der theoretischen Wissensergänzung. Diese Vorgehensweise ermöglicht es, in großer Nähe zu den erhobenen Daten Analysefolien systematisch zu gewichten und zu kontextualisieren.[227] Die im Rahmen des

221 Beschreibungen und Beobachtungen des Wahrnehmungsspaziergangs und der teilnehmenden Beobachtung wurden ausführlich verschriftlicht; vgl. Wahrnehmungsspaziergang vom 01.12.2018; Teilnehmende Beobachtung vom 29.01.2019.

222 Lindner 2003, S. 186.

223 Vgl. ebd., S. 187.

224 Eine Quellenübersicht findet sich im Anschluss an das Literaturverzeichnis.

225 Vgl. Götzö 2014, S. 446; Breuer u. a. 2019, S. 248 ff.

226 Götzö 2014, S. 449.

227 Vgl. ebd., S. 445.

Forschungsstils angestrebte beständige Erweiterung des Materialkorpus bis zur Erreichung der theoretischen Sättigung ist ebenso wie die final angestrebte Theoriebildung im Zusammenhang mit der hier vorliegenden Arbeit aus forschungsökonomischen Gründen nicht realisierbar.[228] Vielmehr sollen die Ergebnisse als Beitrag zu der wissenschaftlichen Verhandlung des skizzierten Forschungsgegenstandes verstanden werden.

3.3 Reflexionen und Limitationen

Neben der grundsätzlichen – durch das Format der Abschlussarbeit gegebenen – Limitation der Forschung in Bezug auf den Faktor Zeit und somit auch auf ihren Umfang sind einige bislang nicht angesprochene forschungspraktische Reflexionen nötig, um die Ergebnisse zu kontextualisieren. So etwa hinsichtlich der zentralen Figur der Gatekeeperin – Ivana. Sie agierte als Multiplikatorin und leistete dem Schneeballprinzip Anschub, doch ist das auf diesem Weg entstandene Sample somit durch sie geprägt, denn viele der Kontakte stammen aus Ivanas direktem Umfeld.[229] Gleiches gilt für das Schneeballprinzip, durch das nur den Multiplikator*innen bekannte Personen vermittelt werden. Auch wenn das Sample insgesamt ein hohes Maß an Heterogenität aufweist, so ist es doch ein spezifisches Netzwerk, das Ivana als Bezugspunkt teilt. Dies ist zwar ein Umstand, den es zu reflektieren gilt, gleichwohl handelt es sich hierbei auch um einen gewinnbringenden Umstand, da auf diesem Wege Einblicke in die netzwerkartigen Strukturen und Verbindungen innerhalb der Drag-Szene sichtbar werden.

Weiterhin bin ich weder als Forscherin noch privat Teil des Feldes und befand mich somit in der Rolle der Außenstehenden. Gleichzeitig handelt es sich um ein hochsensibles Thema, das sowohl in Sphären des Privaten, der Freizeitbeschäftigung und auch des Beruflichen eine Rolle spielt. Um während der Interviews über teils sehr intime Gedanken sprechen zu können, benötigte es meinerseits ein hohes Maß an Sensibilität. Unter Umständen half auch meine Rolle als Studentin, die für das Erreichen ihres Abschlusses auf die Gespräche „angewiesen" war. Einige Male bemerkte ich, dass meine Gegenüber sehr bemüht waren, mir diesbezüglich weiterzuhelfen und mich mit aus ihrer Sicht wichtigen Informationen zu versorgen.

Letztendlich ist auch bei der Verschriftlichung dieser Arbeit ein mindestens ebenso hohes Maß an Sensibilität von Nöten. Teil dessen ist das Anonymisierungsverfahren, welches im Vorfeld mit den Interviewpartner*innen vereinbart wurde.

228 Vgl. Breuer u. a. 2019, S. 364 f.
229 Vgl. Schmidt-Lauber 2007, S. 173.

Fünf der sechs im Folgenden zitierten Interviewpartner*innen entschieden sich für ein Aufscheinen ihrer Person unter ihrem Drag- oder Tunten-Namen und werden mit dem Pronomen sie/ihr adressiert. Zusätzlich wurden Pseudonyme für ihre bürgerlichen Namen erstellt.[230] Auf expliziten Wunsch erscheint der*die sechste Interviewpartner*in vollständig anonymisiert und ohne Pseudonym.[231]

3.4 Vorstellung der Interviewpartner*innen

Das Sample setzt sich aus sechs Interviewpartner*innen zusammen, die über einen sehr heterogenen Hintergrund verfügen. Der erste nachhaltige Kontakt ergab sich zu Ivana Bendova (Jahrgang 1996), die im Forschungszeitraum neben ihrem Bachelorstudium der Soziologie im Queer-Referat des AStAs der Christian-Albrechts-Universität zu Kiel (CAU) sowie in der *HAKI e. V.* tätig war.[232] Bereits als Kind experimentierte Ivana mit den Schminkartikeln ihrer Mutter. Mit 17 Jahren schließlich kleidete sie sich im Rahmen einer Mottowoche ihres Abiturjahrgangs zum ersten Mal gegengeschlechtlich und hatte damit bei ihren Schulkamerad*innen so viel Erfolg, dass sie sogar ihre mündliche Abiturprüfung in demselben Outfit absolvierte.[233] Ihre erste Party im Fummel feierte sie im Jahr 2017, anlässlich derer sie gemeinsam mit ihrer guten Freundin Sanda Meer – die ebenfalls Teil dieses Samples ist – eine Tunten-Show organisierte.[234]

Über ihr hochschulpolitisches Engagement fand Ivana schließlich Zugang zu den Vernetzungstreffen in der *Akademie Waldschlösschen*. Diese ist ein im Jahr 1981 gegründetes und in der Nähe Göttingens gelegenes Bildungszentrum, dessen Bildungsprogramm sich insbesondere durch ein queeres Profil auszeichnet.[235] Zweimal jährlich treffen sich etwa 100 Mitglieder queerer Hochschulgruppen und Referate der deutschen Universitäten zu einem bundesweiten Vernetzungstreffen in der Akademie. Zu den Teilnehmer*innen zählen auch viele Tunten – sie nennen sich *Schlösschentunten*. Im Rahmen der Treffen finden Workshops statt, in denen sich die Teilnehmer*innen über ihre hochschulpolitischen Aktivitäten austauschen. Zudem wird an einem Abend eine Tunten-Show organisiert, die durch zahlreiche

230 Eine Übersicht der Interviewpartner*innen sowie ihre Pseudonyme findet sich im Anschluss an das Literaturverzeichnis.

231 Die betreffenden Textstellen sind sprachlich als solche markiert.

232 Vgl. Interview mit Ivana Bendova vom 13.02.2019, Z. 503 ff.

233 Vgl. ebd., Z. 65 ff.

234 Vgl. ebd., Z. 206 ff.

235 Vgl. *Akademie Waldschlösschen* 2019.

Auftritte der Anwesenden gestaltet wird.[236] Im Jahr 2017 nahm Ivana an ihrem ersten Treffen der *Schlösschentunten* teil und wurde Mitglied des Netzwerkes.[237] Ihr Tunten-Dasein versteht Ivana als Hobby. Sie ist regelmäßig auf Tunten-Shows zu Gast, in denen sie auf der Bühne steht. Hauptsächlich singt sie während ihrer Auftritte bekannte Songs mit von ihr humoristisch „auf Tunten umgedichtet[en]"[238] Texten.[239]

Sanda Meer (Jahrgang 1991) ist der erste Interviewkontakt, den mir Ivana vermittelte. Sie zog im Jahr 2012 für ihr Biologie-Bachelorstudium nach Kiel und ist seit dem Jahr 2013 als Tunte aktiv. Auch sie fand über die hochschulpolitische Arbeit Zugang zu den *Schlösschentunten*, denn sie war Ivanas Vorgängerin im Queer-Referat der CAU.[240] Während dieser Zeit initiierte Sanda die Partyreihe *Queere Semesterparty* in Kiel.[241] Im Anschluss an ihren Bachelorabschluss führt Sanda ihr Masterstudium nun in Berlin fort und ist somit zum einen Teil des Schlösschennetzwerkes, zum anderen in die Berliner Drag-Szene eingegliedert. Dort zählt das *SchwuZ* zu ihren zentralen Anlaufstellen – zum Feiern, als Teil des Publikums bei Tunten- oder Drag-Shows oder auch als Veranstaltungsort der von ihr mitorganisierten Show *#schangelig*.[242] Weiterhin bestreitet sie – wie auch Ivana – eigene Bühnenauftritte überwiegend bei Shows, die oftmals durch Freund*innen veranstaltet werden. Sanda arbeitet konsequent daran, ihren Bekanntheitsgrad innerhalb der Drag-Szene zu vergrößern.[243] Durchschnittlich ist sie jedes zweite Wochenende im Fummel unterwegs, manchmal sogar mehrfach pro Wochenende oder auch unter der Woche.[244] Langfristig kann sie sich vorstellen, neben einem Arbeitsverhältnis im Zusammenhang mit ihrer Ausbildung auch einen Teil ihres Einkommens durch Drag zu generieren.[245]

Ivana stellte zudem den Kontakt zu Gaby Tupper (Jahrgang 1975) her, die, wie Sanda, in Berlin lebt. Gaby hat ihre Sozialisation als Tunte in ihrer Heimatstadt Kiel erfahren, bevor sie im Jahr 1996 nach Berlin zog.[246] Mit ihrem Coming Out im Jahr 1991 im Alter von 16 Jahren wuchs vor dem Hintergrund ihrer Begeisterung für Verkleidung und Theater ihre Neugierde daran, „was Tunte-Sein bedeutet"[247]. Da zu diesem Zeitpunkt beinahe alle Mitglieder des Schwulen Männerchors Kiel als Tunten aktiv

236 Vgl. Interview mit Sanda Meer vom 28.01.2019 (1), Z. 179 ff.
237 Vgl. Interview mit Ivana Bendova vom 13.02.2019, Z. 77 ff. u. Z. 184 ff.
238 Ebd., Z. 327.
239 Vgl. ebd., Z. 326 ff.
240 Vgl. Interview mit Sanda Meer vom 28.01.2019 (1), Z. 132 ff.
241 Vgl. ebd., Z. 203 f.
242 Vgl. ebd., Z. 991 ff., Z. 1054 u. Z. 1158 ff.
243 Vgl. ebd., Z. 1214 ff.
244 Vgl. ebd., Z. 136 ff.
245 Vgl. Interview mit Sanda Meer vom 28.01.2019 (2), Z. 4 ff.
246 Vgl. Interview mit Gaby Tupper vom 29.01.2019, Z. 45 ff.
247 Ebd., Z. 274 f.

waren, lernte Gaby von ihnen und begann, erste Veranstaltungen zu organisieren.[248] Heute ist sie populärer Bestandteil der Berliner Drag-Szene und politisch in diversen Vereinen (etwa *AHA-Berlin e. V.*) aktiv.[249] Zudem ist sie das einzige Sample-Mitglied, das Drag hauptberuflich praktiziert.[250] Zu ihrem Leistungskatalog zählen unter anderem die Moderation von Veranstaltungen, die Gestaltung von Showeinlagen als Sängerin oder Stand-Up-Comedian sowie schwule Stadtführungen durch Berlin.[251]

Ein weiterer durch Ivana aktivierter Kontakt ergab sich zu Kördney Ehlichmann (Jahrgang 1981), die wiederum Angelique van Klojten (Jahrgang 1980) für ein Interview mit mir gewann. Beide leben in Kiel und pflegen eine enge Freundschaft. Gemeinsam fanden sie Zugang in die Thematik, als sie sich im Rahmen ihres ehrenamtlichen Engagements im *CSD*-Verein vor etwa sechs Jahren zum ersten Mal auffummelten, um eine von ihnen veranstaltete Party mit Drag-Contest zu bewerben.[252] Kördney und Angelique sind weder Teil der *Schlösschentunten*, noch fühlen sie sich einer spezifischen Tunten- oder Drag-Queen-Szene zugehörig.[253] Kördney ist hauptberuflich bei der *HAKI e. V.* angestellt und etwa drei bis vier Mal im Jahr im Fummel unterwegs – zumeist im Zusammenhang mit den jährlichen *CSDs* oder wenn eine der seltenen Drag-Veranstaltungen in Kiel stattfindet.[254] Wenn Kördney auf der Bühne steht, dann wählt sie zumeist das Format der Rede, denn „sie hat keine Talente, die so typisch showmäßig was taugen, also besonders gut tanzen können, besonders gut singen können, und dann gibt's halt Pöbeleien und Reden“[255].

Angelique hingegen ist beruflich als Erzieherin tätig und absolviert vereinzelt Bühnenauftritte, bei denen sie singt. Im Gegensatz zu Kördney verfügt Angelique über ein Gesangstalent, das sie in früheren Jahren durch eine Chormitgliedschaft ausgebaut hat.[256] Sie erscheint wie Kördney vorwiegend zu Anlässen wie den *CSDs* oder Drag-Veranstaltungen gerne im Fummel, nimmt aber auch aufgefummelt an Aktionen wie dem Lichtermarsch anlässlich des Welt-AIDS-Tages teil.[257]

---

248 Vgl. ebd., Z. 273 ff. Zudem war Gaby in einer schwulen Jugendgruppe aktiv, in der sie federführend das Programm – von Kneipentouren über Grillabende bis hin zu Filmabenden – gestaltete und sich mit schwulem Leben und schwuler Historie auseinandersetzte; vgl. ebd., Z. 142 ff. u. Z. 189 ff.

249 Vgl. ebd., Z. 45 ff. u. Z. 330.

250 Vgl. ebd., Z. 880 ff.

251 Vgl. ebd., Z. 720 ff.

252 Vgl. Interview mit Kördney Ehlichmann vom 21.02.2019, Z. 23 ff.; Interview mit Angelique van Klojten vom 28.02.2019 (1), Z. 71 ff.

253 Vgl. Interview mit Kördney Ehlichmann vom 21.02.2019, Z. 309 ff.

254 Vgl. ebd., Z. 708 f. u. Z. 167 ff.

255 Ebd., Z. 342 ff.

256 Vgl. Interview mit Angelique van Klojten vom 28.02.2019 (1), Z. 800 ff. u. Z. 745 f.

257 Vgl. ebd., Z. 509 ff.

Wie Ivana, so hat auch der*die sechste Interviewpartner*in bereits in der frühen Kindheit begonnen, sich in überzogener Art „als Frau [zu] verkleide[n]“[258]. Dass diese Praktiken unter dem Überbegriff Drag zusammengefasst werden und es eine dazugehörige Szene gibt, erschloss sich ihm*ihr erst im Jahr 2018 durch die Teilnahme an einem Drag-Workshop.[259] Derzeit definiert der*die Interviewpartner*in Drag als Hobby und fummelt sich überwiegend privat auf. Eine etwaige Zugehörigkeit zu einer spezifischen Community wird nicht empfunden.[260]

258 Vollständig anonymisiertes Interview vom 28.03.2019, Z. 24 ff.
259 Vgl. ebd., Z. 36 ff.
260 Vgl. ebd., Z. 179 ff.

4. Ethnographische Erkundungen

Mithilfe des dargelegten Forschungsdesigns wurden ethnographische Erkundungen durchgeführt, deren Erkenntnisse anhand der in den Erzählungen der Interviewpartner*innen dominant aufscheinenden Themenfelder Konsum, Netzwerke, Prestige und Kreativität strukturiert werden sollen. In allen vier Bereichen lassen sich Formen ökonomischen Handelns identifizieren. Die Erscheinungsformen zeichnen sich durch eine Einbettung in komplexe Eigenlogiken aus, die unter dem Zugriff auf verschiedene Perspektiven der kulturwissenschaftlichen Forschung zu Ökonomie kontextualisiert werden. Zunächst richten sich die Erkundungen jedoch auf die Rekonstruktion der Selbstverständnisse der Interviewpartner*innen, die eine grundlegende Einordnung der im Folgenden identifizierten Formen ökonomischen Handelns ermöglichen.

4.1 Selbstverständnisse

Grundsätzlich ist Drag ein kulturell vielfältig eingebundenes Phänomen. So betont Gaby:

> „Das gehört zur heutigen Kultur, das gehört zu Musik mit dazu, das ist genau [betont] eben dieser Schnittpunkt zwischen Musik, Performance, Kunst, Mode, Make-up, so was sehr unterschiedliche Leute anspricht und begeistert."[261]

Die einzelnen Figurationen des Drag – die Drag Queens und die Tunten – sind nach Carsten Balzer jedoch differenziert zu betrachten, denn sie unterscheiden sich nicht nur in ihrem Wesen deutlich voneinander, sie stehen teilweise sogar in antagonistischem Verhältnis zueinander. Der Ursprung dieser Divergenzen findet sich in den Selbstverständnissen beider Gruppierungen.[262] Beide Existenzen formten sich aus zwei unterschiedlichen Entwicklungslinien und zeichnen sich jeweils durch ein breites Spektrum an Identitäten aus.[263] Das Konzept der Tunte in seiner heutigen

261 Interview mit Gaby Tupper vom 29.01.2019, Z. 555 ff.

262 Vgl. Balzer 2007a, S. 257.

263 Der Begriff „Identität" bezieht sich auf Merkmale, die ein Individuum (individuelle Identität) oder eine Gruppe (kollektive Identität) als different zu ihrem Gegenüber markieren. Das Individuum oder die Gruppe benötigen dieses sozial anerkannte Gegenüber (Nicht-Ich), um sich als einzigartig zu definieren. Die Identität schreibt sich das Individuum oder die Gruppe

Form geht zu großen Anteilen aus der Geschichte der deutschen Schwulenbewegungen hervor.[264] So konstatiert Sanda:

> „[V]iele wissen [betont] auch gar nicht von [...] der deutschen Tunte als Kulturelement zum Beispiel. Und die denken, Drag Queens sind das, was es gibt. Und die sind dann total ... überfordert oder so und man wird auch oft von- von Drag Queens, wenn man ausgeht auch so ein bisschen gejudged nach dem Aussehen, was für Tunten nicht mal unbedingt so ausschlaggebend ist. Also klar ist ein cooler Look auch für Tunten total cool und alle freuen sich daran aber ein total schäbiger Look ist auch genauso cool."[265]

Die konzeptuellen Unterschiede zeigen sich vor allem in den verschiedenen Ästhetiken, den (politischen) Grundhaltungen sowie der Performanz beider Figurationen.

4.1.1 Ästhetiken

In Bezug auf ihr Selbstverständnis klammert Sanda für sich den Begriff „Drag Queen" auf der Mindmap[266] ein und betont:

> „[F]ür mich selber [benutze ich] den Begriff Tunte, weil das auch einfach der Hintergrund ist und die meisten Leute, mit denen ich rumhänge, bezeichnen sich auch selber als Tunten und das [...] bedeutet für mich auch einfach rein inhaltlich, dass man auch dazu bereit ist, oder sich auch in der Verpflichtung fühlt, sich mit politischen Inhalten auseinanderzusetzen."[267]

Die politische Haltung vieler Tunten zeige sich unter anderem in der spezifischen Ästhetik.

Tunten und Drag Queens stehen sich oftmals in dem Verhältnis Trash – Glamour gegenüber.[268] Den Unterschied der Ästhetiken zwischen Tunten und Drag Queens illustrieren Angelique und Kördney in sehr anschaulicher Weise. Während Kördney sich als Tunte bezeichnet und beim Auffummeln niemals ihren Leopardenprint ver-

---

selbst zu – sie kann jedoch auch abweichend von den eigenen Vorstellungen von außen zugeschrieben werden; vgl. Dabringer 2017, S. 101 in Bezug auf die philosophischen Überlegungen Johann Gottlieb Fichtes.

264 Vgl. Balzer 2007a, S. 284.

265 Interview mit Sanda Meer vom 28.01.2019 (1), Z. 684 ff.

266 Vgl. Mindmap angefertigt von Sanda Meer am 28.01.2019. Den Begriff „Tunte" unterstreicht sie mehrmals.

267 Interview mit Sanda Meer vom 28.01.2019 (1), Z. 343 ff.

268 Vgl. Mindmap angefertigt von Gaby Tupper am 29.01.2019.

gisst, definiert sich Angelique als Drag Queen.[269] In Bezug auf die Ästhetik erinnert sich Angelique an ihr erstes Mal im Fummel:

> „Ich weiß noch, beim ersten Mal hab ich gefühlt, glaub ich, viereinhalb Stunden gebraucht, um [mich] ansatzweise fertigzumachen und vorher hatte ich gefühlt fünfzig Stunden irgendwelche YouTube-Make-up-Drag-Tutorials mir angeguckt. Das durfte ich mir dann auch immer von Kördney anhören. Ich bin halt immer so perfekt und versuche halt immer die perfekte Illusion zu schaffen und Kördney trägt halt auch mal Bart [lacht].“[270]

Der*die anonymisierte Interviewpartner*in definiert sich selbst als Drag Queen und pointiert:

> „Für mich ist Drag halt die feine Art. Und ... das Edle. Also für mich sind das edle Darsteller, die sich ganz [betont] fein schminken und ganz perfekt- auf Perfektion aus sind. Die ihren Gang üben, also wo eigentlich wirklich alles sitzt. Und dieses Tuntentum ist eher wahrscheinlich, da kenn ich mich nicht mit aus, aber halt wahrscheinlich eher die billigere Variante davon. Also Drag ist für mich eher das, was mich anspricht. Das ist Theater, Glamour. Das andere ist mehr so ein bisschen ... ... trashig.“[271]

Diese Aussage trifft den Punkt dessen, was Muriel Aichberger als „tuntige Ästhetik“ bezeichnet – demnach stellen sich Tunten dem gängigen Schönheitsideal entgegen. Tuntige Schönheit sei auf der gedachten Achse mit den Polen Schönheit und Hässlichkeit als negative Schönheit zu verzeichnen, so sei sie nicht „die Schönheit der Vollkommenheit, sondern eine Schönheit trotz (oder vielleicht auch durch) Unvollkommenheit“[272]. Tuntige Schönheit sei komplex, ohne eine Berücksichtigung der vielschichtigen Hintergründe wirke sie „schräg, abstoßend und absurd, wie eine Zwölf-Ton-Symphonie oder ein experimentelles Theaterstück. Dada auf zwei Beinen in einem schrecklich schäbigen Fummel“[273]. Dies bestätigt auch Sanda, die ihren Stil von dem der Drag Queens abgrenzt, die ihrer Ansicht nach „voll on brand“ und „cover-of-a-magazine-mäßig“[274] sein wollen. Ihr Fazit: „Also ich mag's halt auch schrill und ich mag's auch, wenn's schlimm aussieht“[275].

---

269 Vgl. Interview mit Kördney Ehlichmann vom 21.02.2019, Z. 63 u. Z. 85 f.; Interview mit Angelique van Klojten vom 28.02.2019 (1), Z. 567.

270 Ebd., Z. 96 ff.

271 Vollständig anonymisiertes Interview vom 28.03.2019, Z. 79 ff.

272 Aichberger 2018, S. 49.

273 Ebd.

274 Interview mit Sanda Meer vom 28.01.2019 (1), Z. 1374 u. Z. 1375.

275 Ebd., Z. 1376 f.

Eng mit der tuntigen Ästhetik verbunden ist die Ästhetik des Schäbigen – Camp. Das Wesen der Camp-Kultur, als Teil queerer Subkultur, ist sprachlich wie konzeptuell komplex und schwer zu fassen. Susan Sontag – amerikanische Schriftstellerin und Regisseurin – publizierte im Jahr 1964 den Essay *Notes on ‚Camp‘*, in dem sie sich einer Definition anzunähern sucht. Zunächst stellt sie fest, Camp sei eine Form von Ästhetizismus – das neue Dandytum: „It is one way of seeing the world as an aesthetic phenomenon“[276]. Camp sei zudem die Liebe zur Übertreibung, zu Künstlichkeit und Extravaganz.[277] Esther Newton hebt darüber hinaus insbesondere die Verbindung zwischen Camp und der homosexuellen Community hervor:

> „While camp is in the eye of the homosexual beholder, it is assumed that there is an underlying unity of perspective among homosexuals that gives any particular campy thing its special flavor.“[278]

Während jede Form von Kontrastierung zu der „Herstellung“ von Camp führen könne, sind insbesondere das Herausarbeiten von Widersprüchlichkeiten entlang von Dichotomien wie männlich–weiblich, hoher Status–niedriger Status, jung–alt oder hochpreisige Produkte–niedrigpreisige Produkte populär. Vor allem das Abweichen von moralischen Vorstellungen im Rahmen der Kontrastierung führe zu der Wahrnehmung von Widersprüchlichkeit und sei somit zentral für Camp.[279] Zwar würde das Attribut „campy“ Objekten, Personen, Ideen oder Veranstaltungen zugeschrieben, doch sei Camp nicht in ihnen inkorporiert – vielmehr emergiere es aus der Spannung zwischen dem Gegenstand, der Person oder der Veranstaltung und dem Kontext.[280] Vor diesem Hintergrund kann – wie Sanda betont – auch ein Bademantel ein Fummel sein.[281]

Im Gegensatz zu der tuntigen Ästhetik steht die Gruppe der Drag Queens als Reaktion auf die Entwicklungen des Zeitgeistes der Jugendkulturen der 1990er Jahre und unter dem Einfluss amerikanischer Vorbilder häufig für den dominanten Anspruch, eine „perfekte Illusion“[282] zu schaffen. Sanda betont, viele Drag Queens

> „würde[n] niemals [betont] das Haus verlassen mit schäbigem Make-up und einer billigen Perücke, sondern das muss total gut aussehen und das muss so ein kompletter Look sein und eine Tunte kann auch einfach ein

276 Sontag 1964, S. 2; vgl. ebd., S. 11.
277 Vgl. ebd., S. 3 u. S. 7.
278 Newton 1972, S. 106.
279 Vgl. ebd., S. 107.
280 Vgl. ebd.
281 Vgl. Interview mit Sanda Meer vom 28.01.2019 (1), Z. 310.
282 Interview mit Angelique van Klojten vom 28.02.2019 (1), Z. 100; Mindmap angefertigt von Ivana Bendova am 13.02.2019; Interview mit Sanda Meer vom 28.01.2019 (1), Z. 303; vgl. auch Balzer 2007a, S. 284.

> paar Stöckel rüber werfen und einen Rock und auf den CSD gehen oder sowas. Das ist ein wichtiger Unterschied. Genau und das klassische Drag Queen-Make-up in dem Sinne bedeutet eben auch dieses harte Contouring, das Gesichtszüge so ein bisschen verändern soll. Das Gesicht soll insgesamt weiblicher und kleiner und weicher wirken und so weiter und bei einer Tunte ist das nicht unbedingt der Fall."[283]

Der*die anonymisierte Interviewpartner*in zieht eine explizite Verbindung zu der ökonomischen Dimension des Verhältnisses Glamour–Trash. Sie*er berichtet von einer Party, bei der sie*er in Drag erschien – allerdings in der „billige[n] Variante, weil es schnell gehen musste [...], das ist nicht so glamourös, sondern eher so ein bisschen ... billiger halt, ... bisschen tuntiger, nicht so dragmäßig, sondern tuntiger."[284] Der Anspruch, eine möglichst perfekte Illusion des vermeintlich Weiblichen zu schaffen, erfordert ein großes Maß an Ressourcen, etwa zahlreiche Schminkartikel, deren Kauf ökonomisches Kapital erfordert.[285] Gleichzeitig ist „billig" bezogen auf die Qualität des Ergebnisses, welches der*die Interviewpartner*in bei einem gelungenen Drag-Queen-Make-up als hochwertiger zu bewerten scheint.

Sanda, die sich als Tunte definiert, orientiert sich hinsichtlich ihrer Make-up-Praktiken ebenfalls an den Maßstäben, die sie selbst den Drag Queens zuschreibt. Sie betont, dass die Differenzierung der Konzepte konstruiert sei und die Grenze „mehr als fließend"[286]. Auch ihr sei ein gelungenes Make-up wichtig und sie selbst sehe sich daher als Tunte mit Drag-Queen-Make-up.[287] Gleichzeitig wendet sie sich jedoch von dem Anspruch der perfekten Illusion – „dieses Aussehen wie eine ‚Echte'"[288] – ab, da diese Absicht Sexismus und Trans*phobie impliziere.[289] In den verschiedenen Ästhetiken schwingen folglich bereits politische Grundhaltungen mit.

4.1.2 Performanz

Die Differenzen zwischen den Gruppen der Tunten und Drag Queens liegen nicht nur in der visuellen Ausrichtung der Ästhetiken, auch die Motive ihrer Auftritte und die Grundhaltungen variieren. Ivana betont, dass sich die politische Haltung vieler Tunten auch in der Art der Performanz wiederfindet. Dies beginnt schon bei den Show-Formaten:

---

283 Interview mit Sanda Meer vom 28.01.2019 (1), Z. 313ff.
284 Vollständig anonymisiertes Interview vom 28.03.2019, Z. 69ff.
285 Vgl. hierzu Kapitel 4.2.
286 Interview mit Sanda Meer vom 28.01.2019 (1), Z. 330.
287 Vgl. ebd., Z. 285ff.
288 Ebd., Z. 348.
289 Vgl. ebd., Z. 347ff.

> „Also Drag Queens, die American Drag Queens, machen meist Lip Sync [Lippensynchronisation], also sehr sehr häufig. Man kennt so ein paar Drag Queens, die irgendwie auch selbst Lieder umgedichtet haben. Aber die Tunten sind halt eher so, dass sie irgendwie ... politischen Kram machen. Dass sie ... ... teilweise Poetry Slams machen, dass sie eigene Lieder dann auch wirklich vortragen und dann nicht Lieder, die es gibt, lipsyncen, sondern selber Lieder umdichten und sie dann auch vortragen oder irgendwie sonst eigene Lieder schreiben oder ähnliches. Also das ist bei Tunten dann eher so der Fall als bei Drag Queens, behaupte ich jetzt einfach mal."[290]

In Bezug auf die politische Positionierung einer Tunte und des entsprechenden Auftretens beschreibt Gaby ihre frühen Erfahrungen:

> „Das war am Anfang eher noch so ein bisschen, dass das politische Bewusstsein [...] bei mir noch gar nicht so da war. Also [...] meine Idee von Tunte war vor allen Dingen eine künstlerische, theatralische Show und dass das aber per se was Politisches ist, wenn ein Mann ein Frauenkleid anzieht und- und nicht eine Frau spielt, sondern einfach zwischen den Geschlechtern sich bewegt, das hab ich damals überhaupt nicht begriffen. Ich hab [...] damals ganz oft selber [...] versucht [betont] auf Krampf politisch zu sein. Bis ich dann irgendwann gemerkt habe, ne, allein die Tatsache, dass ich das, was ich bin, öffentlich verteidige, das ist schon viel Politik."[291]

Auch an dieser Stelle finden sich zwei Qualitäten von Camp, die die politische Dimension des Tunte-Seins implizieren. Zum einen ist dies die Theatralik, die auf dem Bruch beziehungsweise der Abweichung von Rollenbildern basiert. Als Stil neigt Camp bewusst zu Übertreibungen und theatralischen Momenten in der Inszenierung.[292] Dies führt zum anderen zu dem letzten Charakteristikum, das Camp auszeichnet: dem spezifischen Humorsystem, denn „Camp humor is a system of laughing at one's incongruous position instead of crying"[293]. Dies gilt einerseits mit Blick auf die gesellschaftliche Position, die Menschen, die sich der queeren Community zugeordnet fühlen, einnehmen und in der sie unter anderem Diskriminierung ausgesetzt sind. Andererseits lassen sich Humor und Komik als zentrale Strategie verstehen, um etwa die für Außenstehende teils absurd wirkende tuntige Ästhetik zugänglich zu gestalten. Die Komik entstehe in dem expliziten Bruch von maskulinen und femininen Klischees, die oftmals bis zur Unerträglichkeit übersteigert würden,

290 Interview mit Ivana Bendova vom 13.02.2019, Z. 330 ff.
291 Interview mit Gaby Tupper vom 29.01.2019, Z. 301 ff.
292 Vgl. Sontag 1964, S. 4 u. S. 10 f.
293 Newton 1972, S. 109.

und inhäriere politisches Potenzial.[294] Und nicht zuletzt, so pointiert Sanda, dient sie auch der persönlichen Unterhaltung:

> „Ich singe live. Ich kann nicht besonders gut laut singen, aber das ist das Schangeln, ich mach's einfach trotzdem, ist mir egal [lacht]. Ich mach das, um selber Spaß zu haben und in der Regel haben dabei auch die anderen Spaß. Aber das ist auch was anderes, Drag Queens wollen das Publikum unterhalten und Tunten machen auch total viele Shows und Shownummern, aber mit dem Hauptziel, sich selber zu unterhalten und eine Tunten-Nummer kann auch eine absolute Qual sein. Oder auch total skurril, also zum Teil nimmt das echt schon total abgefahrene Ausmaße an von eher so Performance-Art oder so [...].“[295]

Das von Sanda angesprochene Schangeln ist ein zentraler Bestandteil des spezifischen Humorsystems und erfreut sich insbesondere unter den *Schlösschentunten* großer Beliebtheit. Hierbei handelt es sich laut Sanda um eine Art Lebensphilosophie:

> „[...] Schangeln ist die Lust am Scheitern und die Lust auf Sinnloses und Zeitvertreib. Einfach so ... ja, Spaß mit irgendwas haben. Also, ohne dass es unbedingt produktiv ist oder einfach so. Das ist natürlich jetzt an sich nichts Neues, was die Tunten per se erfunden haben, aber auf jeden Fall eine, eine wichtige Disziplin, die sie meistern. Und man erkennt ... eine gute Tunte daran, dass sie hart schangeln kann [lacht].“[296]

Es ist gerade die Lust am Unperfekten, die auch für Kördney, die nicht Teil des Schlösschennetzwerkes ist, eine Tunte auszeichnet. Viele Drag Queens seien ihr oftmals zu sehr an Perfektion orientiert:

> „So Freiheiten, nicht [betont] irgendwelche Leistungen zu erwarten, also entsprechen zu müssen, das finde ich auch das Charmante daran, was es haben kann. Und Leute, die das mit so einem Leistungsdruck aufladen wollen, dann sollen sie das machen, dann ist es aber nicht das, was ich toll finde“.[297]

294 Vgl. Aichberger 2018, S. 49 f.
295 Interview mit Sanda Meer vom 28.01.2019 (1), Z. 905 ff.
296 Ebd., Z. 825 ff.
297 Interview mit Kördney Ehlichmann vom 21.02.2019, Z. 444 ff.

Sie konstatiert an anderer Stelle,

> „[D]as Tolle ist ja, man kann alles machen und [die] Leute müssen es ja ertragen [lacht] [...]. Eine Drag Queen [...], die kann [betont] was und das macht sie auch. Also Drag Queens können singen oder tanzen oder sowas. Und eine Tunte muss es nicht können, macht's trotzdem."[298]

Den von Kördney zuletzt formulierten Punkt greift auch der Politik- und Sozialwissenschaftler Carsten Balzer auf, in dem Versuch das Verhältnis zwischen Drag Queens und Tunten kunstreich zusammenzufassen:

> „Die Unterschiede zwischen Drag Queens und Tunten werden gerne auf Aussehen und Performance und damit häufig in falschem Rückschluss auf Talent bzw. mangelndes Talent reduziert. In dieser Sicht verhält sich die glamouröse und elegant geschminkte Drag Queen, die bekannte und beliebte Größen des Unterhaltungsmainstreams verkörpert, zu der streitbaren Tunte mit ihrer gesellschaftskritischen Provokation, ihrem bewusst schäbigen und manchmal grotesken Aussehen und einer oft überzeichneten Verkörperung der ‚Frau von nebenan' oder sich selbst, wie die Schöne zu dem Biest."[299]

Während Tunten mit ihrem emanzipatorisch-politischen Selbstverständnis die Gesellschaftskritik zum Ziel ihrer Shows erklären, die sie insbesondere über die Mittel der (Selbst-)Ironie und Parodie herstellen, steht für die Drag Queens das Unterhaltungsmoment an erster Stelle. Im Gegensatz zu den Tunten verfolgen sie oftmals keinen expliziten politischen Anspruch, sondern nutzen das Auftreten in Drag als Mittel, um eine künstlerisch-erfolgreiche Identität aufzubauen und ihren Bekanntheitsgrad zu steigern.[300] Dies bedeutet jedoch nicht, dass Tunten keinerlei „Karriereziele" verfolgen, denn, so Sanda:

> „Eine Karriere in dem Sinne als Tunte kann eine Tunte ja per se nicht haben, so in dem Sinne [...] [das ist] dann eher so eine Art des Anspruchs einer Drag Queen, die dann Karriere haben will, sozusagen, aber ich hab schon Lust, ein paar coole Bühnen abhaken zu können und ich [betont] persönlich, meine ganz persönliche Ambition ist, ich hab schon auch Lust, ein gewisses Standing in Berlin zu erreichen, ich will jetzt keine berühmte Obertuse werden oder was auch immer, aber ich hab schon Lust, mich zu vernetzen und so ein bisschen, dass man meinen Namen kennt, finde ich schon cool."[301]

---

298 Ebd., Z. 179 ff.

299 Balzer 2007a, S. 259.

300 Vgl. Balzer 2007b, S. 55; Balzer 2007a, S. 266 u. S. 284.

301 Interview mit Sanda Meer vom 28.01.2019 (1), Z. 1209 ff.

Es ergibt sich der Eindruck, dass Tunten ihr Handeln vermehrt kollektiv ausrichten, während Drag Queens sich tendenziell dem Unterhaltungsmainstream zuordnen und karriereorientierter handeln. Vor diesem Hintergrund scheint Solidarität in den Kreisen der Tunten eine größere Rolle zu spielen als in der Drag-Queen-Szene, die aufgrund der verstärkten Karriereorientierung ihrer Mitglieder vermehrt kompetitiv und leistungsorientiert geprägt zu sein scheint.[302] Auch wenn sich diese Karriereorientierung in Bezug auf die Drag Queen Angelique nicht bestätigt, so scheinen die Annahmen doch im Rahmen von Abgrenzungsmechanismen in die Selbstverständnisse der Tunten eingeschrieben.

4.1.3 Identitäten

Das zunächst markanteste Merkmal einer Tunte ist ihr Fummel. Innerhalb wie außerhalb der LSBAT*I*Q-Community hält sich die populäre Assoziationskette „Fummel = Frau = passiv“[303], die Tunten eine vermeintlich passive Rolle insbesondere im Rahmen sexueller Handlungen zuschreibt. Weiterhin wird den Träger*innen eines Fummels unterstellt, eine Steigerung der eigenen Attraktivität zu forcieren, um den Erfolg bei der gleichgeschlechtlichen Partner*innensuche zu fördern.[304] Entgegen dieser verbreiteten Klischees dient der Fummel Tunten jedoch vielmehr dazu, „Anteile ihrer Identität“[305] auszudrücken. So blickt Gaby auf die Anfänge ihres Tunte-Seins zurück:

> „Also eben auch weil ich neugierig war, was Tunte-Sein bedeutet, dass es eben auch völlig okay ist als Mann- und das einen das nicht zu weniger Mann macht, wenn man ein Kleid anzieht, sondern dass es vielmehr darum geht, auch seine weiblichen Seiten zuzulassen, damit zu spielen [...].“[306]

Mit dem Ausleben der „weiblichen Seite“ ist das „Aufbrechen von Stigmata und Tabus“[307] verbunden. Dies impliziert die Praktiken des bewussten Spiels mit den heteronormativ geprägten Geschlechterrollen und den Bruch von externen Erwartun-

302 Die ökonomischen Implikationen, die sich hieraus ergeben, werden in Kapitel 4.3 ausführlich diskutiert.

303 Balzer 2007b, S. 45.

304 In der Lebensrealität der Tunten spiegelt sich jedoch das Gegenteil dessen wider: Innerhalb der Tunten-Szene avancierte der Spruch: „Im Fummel kriegste keinen ab!“ zu einem Leitthema. Dies rekurriert auf die sowohl außer- als auch innerhalb der LSBAT*I*Q-Community verbreitete Tunten-Feindlichkeit; vgl. Balzer 2007b, S. 45.

305 Ebd.

306 Interview mit Gaby Tupper vom 29.01.2019, Z. 274 ff.

307 Mindmap angefertigt von Ivana Bendova am 13.02.2019.

gen.[308] So proklamiert Kördney, hierbei würden die Tunten ihre eigenen Identitäten hinterfragen und das Konstrukt Männlichkeit vor dem gesellschaftlichen Rahmen reflektieren. Mit dem Überschreiten der gesellschaftlich konstruierten Grenzen ginge die Eröffnung von Freiräumen – unter anderem für die individuelle Identitätsentfaltung – einher.[309]

Neben der politischen und der unterhaltungsorientierten Dimension stellt die künstlerisch-ästhetische Facette einen essenziellen identitätsformenden Bestandteil von Drag dar. Sie ist wichtiges Ausdrucksmittel und zugleich Trägerin der Vielfalt der Drag-Szene. Egal in welchem Bereich des Spektrums sich die Individuen bewegen – ob trashige Camp-Ästhetik oder glamouröse Perfektion[310] – bei Drag handelt es sich auch um eine Kunstform. So sieht der*die anonymisierte Interviewpartner*in in der Kunst einen essenziellen Bestandteil von Drag. Neben der kreativen Komponente identifiziert sie*er einen weiteren Baustein:

> „[F]ür mich ist es auch sehr viel Kunst und ... dieses Make-up oder dieses Anziehen und die Haare machen und das ist auch für mich so eine Art, also die Technik [betont] ist auch für mich wichtig, [...] wie ein Handwerk."[311]

Benannt werden damit zwei essenzielle Dimensionen, die verschiedene Assoziationsfelder von Kreativität definieren. Zum einen generiert das künstlerische Handeln das Moment der Expressivität. Zum anderen wird der produktive Charakter des „Handwerks" unterstrichen, in dessen Endergebnis ein großer Anteil von Selbstverwirklichung mitschwingt.[312] Dieses handwerkliche Können impliziert einen Ressourcencharakter, der sich vor allem in der Anwendung von Erfahrungswissen manifestiert und ökonomisch verwertbar ist.[313]

Auch Gaby und Kördney betonen ihre schon früh ausgeprägte künstlerische Begabung. Kördney blickt auf ein abgeschlossenes Kunststudium zurück, in dem „diese Drag-Thematik"[314] einen Teil ihrer praktischen Abschlussarbeit darstellte.[315] Gaby verweist darauf, dass sie „schon immer gerne gezeichnet und gemalt" hätte und es letztlich kein großer Unterschied sei, „ob man jetzt ein Aquarell malt oder ob man

308 Vgl. Mindmap angefertigt von Kördney Ehlichmann am 21.02.2019.

309 Vgl. Interview mit Kördney Ehlichmann vom 21.02.2019, Z. 509 ff u. Z. 604 ff.

310 Vgl. Interview mit Sanda Meer vom 28.01.2019 (1), Z. 843 ff.

311 Vollständig anonymisiertes Interview vom 28.03.2019, Z. 281 ff.

312 Vgl. Bröckling 2007, S. 157 mit Verweis auf Joas 1996, S. 106–112.

313 Vgl. May 2019, S. 640.

314 Interview mit Kördney Ehlichmann vom 21.02.2019, Z. 37.

315 So erarbeitete sie mehrere Fotomontagen, in denen beispielsweise Timon (Pseudonym für Kördneys bürgerlichen Namen) und Kördney gemeinsam in der Küche sitzen. Kördney „liest ein Buch von Judith Butler", während Timon ihr über die Schulter schaut; Interview mit Kördney Ehlichmann vom 21.02.2019, Z. 660 u. Z. 658 ff.

sich den ganzen Scheiß ins Gesicht pinselt“[316]. Vor diesem Hintergrund blickt sie auf eine weitere Facette ihres Selbstverständnisses, denn sie sei sich sicher, dass sie in vielem, was sie tue, „verdammt gut“[317] sei und sich daher „sehr gut als Künstler [...] bezeichnen“[318] könne. Dieses Kunstschaffen innerhalb des Drag wird speziell von Gaby mitunter als Erwerbsarbeit praktiziert.[319]

Insbesondere für Drag Queen Angelique steht der künstlerische Aspekt der Praktiken im Vordergrund. So betrachtet sie das Ergebnis ihres Handelns als eine „Kunstfigur, die im Endeffekt sich so geben kann, wie sie will. Die halt [...] mit Klischees spielt, bewusst“[320].

Die von der*dem anonymisierten Interviewpartner*in in diesem Zusammenhang angeführte Motivation des Spaßes an Verkleidungen[321] spielt zwar auch für viele Tunten eine Rolle, ist jedoch insbesondere vor dem Hintergrund ihrer häufig politischen Grundhaltung mit Ernsthaftigkeit aufgeladen.[322]

Kurz: Die Selbstverständnisse von Tunten und Drag Queens verfügen über ein vielfältiges Spektrum an Versatzstücken, deren Betrachtung keinesfalls auf geschlechtliche oder sexuelle Ankerpunkte heruntergebrochen werden kann. Auch politisch und gesellschaftskritisch orientierte oder künstlerische Fragmente zählen zu den zentralen Bestandteilen.

Inwiefern Tunten und Drag Queens trotz Fummel in ihrer persönlichen Geschlechtsidentität gelesen werden möchten – etwa durch das Tragen eines Bartes, wie in Kördneys Fall[323] – oder eine perfekte Illusion einer Frau darzustellen suchen, ist je nach Selbstverständnis unterschiedlich.

Auch die Intensität, in der die Tunten-Figuren und Drags im Alltagsleben der Interviewpartner*innen eine Rolle spielen, variiert stark. Sanda und Ivana als Mitglieder der *Schlösschentunten* sprechen sich und die anderen *Schlösschentunten* beinahe ausschließlich mit ihren Tunten-Namen und dem weiblichen Personalpronomen „sie“ an – selbst, wenn sie nicht aufgefummelt sind.[324] Timon hingegen wählt die dritte Person, um über Kördney als Kunstfigur zu sprechen.[325] Die Wahl der sprachlichen Adressierung suggeriert Unterschiede in dem Nähe- und Distanzverhältnis der jeweiligen Interviewpartner*innen zu ihren Tunten- und Drag-Figuren.

316 Interview mit Gaby Tupper vom 29.01.2019, Z. 451 f.

317 Ebd., Z. 433.

318 Ebd., Z. 434.

319 Vgl. ebd., Z. 880 ff. Der Zusammenhang von Ökonomie und Kreativität wird in Kapitel 4.5 detailliert besprochen.

320 Interview mit Angelique van Klojten vom 28.02.2019 (1), Z. 46 ff.

321 Vgl. vollständig anonymisiertes Interview vom 28.03.2019, Z. 159 ff.

322 Vgl. Interview mit Kördney Ehlichmann vom 21.02.2019, Z. 30 ff.

323 Vgl. ebd., Z. 189 ff.

324 Vgl. Interview mit Sanda Meer vom 28.01.2019 (1), Z. 412 ff.

325 Vgl. Interview mit Kördney Ehlichmann vom 21.02.2019, Z. 36 u. Z. 190 ff.

Des Weiteren scheinen vor allem die Tunten ihr tuntiges Selbstverständnis umfassender in ihre Identität zu integrieren als die Drag Queens. So verweist Gaby auf ein Zitat aus dem Film *Das Kuckucksei*[326], der auf dem gleichnamigen Theaterstück Harvey Fiersteins basiert: „Aber was soll ich machen, ich kann ohne Stöckelschuhe einfach nicht laufen“[327]. Sie fügt an:

> „Und dieser Satz trifft's einfach. Ich kann [betont] nicht das Make-up einfach weglassen. So. Das gehört zu mir. Ich muss [betont] meine Weiblichkeit ausleben. Ich muss [betont] meine Kreativität ausleben. Ich muss [betont] auf die Bühne und ich hab viel zu viele Ideen für irgendwelche Veranstaltungen und Shownummern und Menschen, mit denen ich zusammenarbeiten möchte, mit denen ich zusammen Ideen entwickeln möchte. [...] Und das funktioniert auch nur so, wie ich das mache. Mit Fummel, Perücke und viel zu viel Make-up im Gesicht.“[328]

Ähnlich äußert sich auch Sanda mit Verweis auf ein weiteres Zitat:

> „[E]s gibt ein sehr berühmtes Zitat von einer Polit-Tunte aus Berlin aus den [19]80ern, [19]90ern, Ovo Maltine heißt sie, die meinte: ‚Ich bin kein Mann, ich bin keine Frau, ich bin eine Tunte‘. Und als solches [sic] laufe ich auch durch die Gegend sozusagen und der Anspruch dessen ist, dass man eben nicht versucht wie eine Frau auszusehen oder eine Illusion darzustellen, sondern ganz im Gegenteil, man ist einfach wirklich komplett man selber, mit Perücke, ohne Perücke [...].“[329]

Ivana schließlich bringt diese Gedanken schlicht auf den Punkt, indem sie proklamiert: „Tunte macht man nicht, Tunte ist man“.[330]

Mit Blick auf die historischen Entstehungskontexte beider Gruppierungen lässt sich zusammenfassend feststellen, dass die Selbstverständnisse der Tunten überwiegend auf Aneignungs- und Abgrenzungsprozessen basieren. Sie haben in emanzipatorischer Absicht die ihnen entgegengestellten diskriminierenden Haltungen in ihr politisch-kämpferisches Charakteristikum gewandelt und grenzen sich von der vermeintlich kommerzialisierten Angepasstheit der Drag Queens ab. In Bezug auf die Gruppe der Drag Queens hingegen lassen sich verstärkt Anpassungs- und Adaptionsprozesse identifizieren, die sich in ihrer Eingliederung in die Mainstream-Szene und der Übernahme von Handlungsmustern internationaler Vorbilder zeigen.[331]

326 Originaltitel: Torch Song Trilogy, USA 1988, Regie: Paul Bogart.
327 Interview mit Gaby Tupper vom 29.01.2019, Z. 668 f.
328 Ebd., Z. 669 ff.
329 Interview mit Sanda Meer vom 28.01.2019 (1), Z. 304 ff.
330 Informelles Gespräch mit Ivana Bendova vom 10.01.2019, Z. 67 f.
331 Vgl. Balzer 2007a, S. 293.

Abschließend ist festzuhalten, dass es sich trotz der verschiedenen historischen Entstehungskontexte und der divergierenden Selbstverständnisse der Gruppen der Tunten und der Drag Queens bei der Differenzierung der Konzepte um eine Konstruktion handelt, die einen gewissen Widerspruch impliziert. Diesen bringt Angelique auf den Punkt:

> „Also [...] ich [betont] persönlich möchte ja eigentlich immer keine Grenzen machen, weil, wir wollen ja eigentlich Grenzen sprengen und nicht Grenzen machen. Also dementsprechend fällt mir das auch immer schwer, über ‚unsere' [betont] Community zu sprechen, so, ja [betont], die musste [betont] damals entstehen, damit wir gemeinsam was erreichen, aber das Ziel soll eigentlich sein, dass wir alle ein Ganzes sind, so."[332]

Auch wenn sich die Betrachtung der Selbstverständnisse im Rahmen dieses Kapitels oftmals entlang der Differenzierungen orientierte und auch die Interviewpartner*innen häufig explizit auf die Unterschiede hinwiesen, so sind die Grenzen und Übergänge, wie Sanda reflektiert, stets konstruiert und fließend.[333]

4.2 Konsum

Praktiken des Konsumierens sind neben Praktiken der Produktion und der Distribution konstitutive Komponenten des Wirtschaftszyklus und somit integrativer Bestandteil des ökonomischen Handelns.[334] Konsum bezeichnet „die Praxis des Kaufens/Einverleibens und die darin enthaltene Teilhabe an materieller Kultur"[335]. Das Konsumieren verfügt – wie jede andere Form wirtschaftlichen Handelns – über „soziale, kulturelle, symbolische und politische Dimensionen"[336]. Für den Anthropologen Arjun Appadurai ist Konsum vor diesem Hintergrund kontextspezifischer Ausdruck gesellschaftlicher Logiken, die das konsumierende Handeln der Individuen bestimmen.[337] Inwiefern sich ökonomisches Handeln im Rahmen konsumierender Praktiken in der Lebensrealität der Tunten und Drag Queens ausformt, ist Gegenstand des folgenden Kapitels.

Neben dem direkt für die Subsistenzsicherung notwendigen Konsum von Waren und Dienstleistungen verfügen Tunten und Drags über einen Fundus an materiellen

332 Interview mit Angelique van Klojten vom 28.02.2019 (1), Z. 59 ff.
333 Vgl. Interview mit Sanda Meer vom 28.01.2019 (1), Z. 328 ff.
334 Vgl. Dabringer 2017; Hofstetter 2006, S. 114.
335 Gruhn 2019, S. 214 mit Verweis auf Kraemer 2003, S. 55 ff.
336 Dabringer 2017, S. 119.
337 Vgl. Appadurai 1999 [1986], S. 30 u. S. 56 ff., nach Dabringer 2017, S. 96.

Ressourcen – etwa Schminkartikel, Fummel, High Heels, Perücken – die sie speziell für ihre Transformation benötigen. Sowohl in Bezug auf das Ausmaß dieses Fundus als auch hinsichtlich der Anschaffung der sich in ihm befindlichen Waren zeigen sich unterschiedliche Praktiken. So pflegt Kördney einen reduzierten Umgang:

> „[I]ch brauch nicht Tausende von Sachen. Es gibt ja Leute, [...] da hat so eine Tunten-Figur, Drag-Figur mehr Klamotten als die eigentliche Person, da kenn ich auch welche. Und das hat sie [Kördney] nicht. Sie hat eine kleine Schachtel irgendwie, in der ein paar Schuhe sind, ein paar Klamotten, die Dutte und solche Sachen. Das ist eine große Box unter dem Bett. [...] Das ist Kördneys Ugly-Box [lacht].“[338]

Währenddessen verweist Angelique auf den „zum Leidwesen [meines] Mannes [...] sehr [betont] großen Fundus“[339]. In diesem Fall scheint Angelique als dritte Mitbewohnerin mit in dem Zwei-Personen-Haushalt des Paares zu leben:

> „Ich hab [für Angelique] einen eigenen Kleiderschrank und ich habe drei Kisten und ich habe eine Kiste nur mit Schminke und drei, ich glaube es sind drei oder vier Schuhkartons mit Perücken.“[340]

Angeliques' Bestand reicht weit über Kleider, Schminkartikel und Perücken hinaus:

> „[D]a sind die ganzen Schmucksachen, noch mehr Schmucksachen, dann hab ich verschiedenste Handschuhe, Sonnenbrillen für alle- sämtlichen Sachen, dann hier halt solche Sachen, die halt den Kehlkopf abdecken. [...] Das ist eigentlich im Endeffekt immer die Grundausstattung, die ich brauche, um Angelique zu werden.“[341]

„Po-Pads“, Silikonbrüste, ansteckbare Haarteile und Glitzersteinchen komplettieren den Bestand.[342]

4.2.1 Kaufverhalten

Die Einkaufspraktiken der Tunten und Drags sind vielfältig und reichen von Onlineshopping über den Kauf bei lokalen Geschäftsketten bis hin zu dem Besuch von Floh- und Stoffmärkten. Auch der kritische Umgang mit Konsum und eine Selbst-

---

338 Interview mit Kördney Ehlichmann vom 21.02.2019, Z. 219 ff. Ugly-Box deshalb, weil Kördney entsprechend der tuntigen Camp-Ästhetik „trashige“ Outfits bevorzugt. „Dutte“ ist die emische Bezeichnung („Tunten-Lingo“) für Perücke. Vgl. Interview mit Sanda Meer vom 28.01.2019 (1), Z. 1461.

339 Interview mit Angelique van Klojten vom 28.02.2019 (1), Z. 101 f.

340 Ebd., Z. 107 ff.

341 Ebd., Z. 177 ff.

342 Vgl. ebd., Z. 159 ff.

reflexion des eigenen ökonomischen Handelns spielen bei einigen Tunten und Drags eine Rolle. So berichtet der*die anonymisierte Interviewpartner*in in Bezug auf ihre*seine Sammlung von Schminkartikeln:

> „Also ich hab [...] das irgendwann mal zusammengerechnet, da hatte ich glaube ich [Schminkartikel im Wert von] 800 Euro insgesamt, so. Ich hab ganz viel rausgeworfen. Also ich hab wirklich [...] auch ganz viel verschenkt und weggegeben und ... ich hab unglaublich [betont] viel, also wirklich. Und ich hab wirklich vielleicht nur noch ein Viertel davon, [...] nur noch das jetzt, was ich benutze. Den Rest habe ich verschenkt."[343]

An einem bewussteren Konsum und der Reduzierung der Schminkartikel langfristig festzuhalten, fällt jedoch schwer. Dem Ärger über die Masse an Schminkartikeln und der darauffolgenden Aussortierung vieler Produkte folgt oftmals weiterer Ärger darüber, „dass es weg ist, dann kauf ich neu"[344].

Insbesondere Schminkartikel und Accessoires werden häufig in lokalen Drogeriemärkten erstanden.[345] Um Geld zu sparen, wird hier in einigen Fällen zudem auf strategisch günstige Momente zum Kauf gewartet: „[...] wenn Faschingszeit ist, kaufe ich auch ordentlich ein. Und da geh ich dann auch [...] in den Euroshop oder [zu] Claires [...] genau, und Halloween auch viel."[346]

Auch wenn in diesem Fall der Fokus weniger auf einen nachhaltigen Konsum gerichtet ist, so spielt der Grundgedanke dessen doch eine Rolle. Denn das Konsumverhalten impliziert stets eine Mitgestaltung der globalen ökonomischen Strukturen durch den persönlichen lokalen Konsum.[347] Vor allem Kördney legt Wert auf Produkte, die biologisch und/oder vegan produziert sind, und merkt an, dass sie darauf achte,

> „dass das [Produkt] so ein bisschen bio ist. Das finde ich schon irgendwie spannender oder wichtig, dass das nicht irgend so ein billiger Kram ist, von dem ich weiß, der macht die Haut gleich ganz kaputt"[348].

In der Entscheidung für ein bio-zertifiziertes Produkt liegt unter anderem das Potenzial, sich politisch zu positionieren und Einfluss auf die Gestaltung der globalen Wirtschaft zu nehmen.[349] Denn Konsumieren beinhaltet auch die Möglichkeit, „ein

343 Vollständig anonymisiertes Interview vom 28.03.2019, Z. 310 ff.
344 Ebd., Z. 365.
345 Vgl. u. a. Interview mit Sanda Meer vom 28.01.2019 (1), Z. 539; Interview mit Kördney Ehlichmann vom 21.02.2019, Z. 212 ff.
346 Vollständig anonymisiertes Interview vom 28.03.2019, Z. 362 ff.
347 Vgl. Dabringer 2017, S. 119.
348 Interview mit Kördney Ehlichmann vom 21.02.2019, Z. 213 ff.
349 Vgl. Dabringer 2017, S. 111 f.

gesellschaftliches Statement abzugeben, wenngleich nicht alle, die ‚grün konsumieren', dies als politisches Statement verstehen"[350].

Die hier angesprochene und durch den Kauf von „Bioprodukten" erhoffte Qualität der Artikel wird zum einen in Zusammenhang mit Umwelt- und Gesundheitsfaktoren wie Nachhaltigkeit und Hautverträglichkeit gedacht. Ein weiteres Kriterium stellt zum anderen die Qualität des Endproduktes – sprich: des finalen Make-ups – dar. So setzt Sanda auf

> „eine Mischung aus sehr günstigem Drogerie-Make-up und dann ein paar Sachen, [die] dann doch teuer sind, die ich benutze. Also ich benutze die gerade für so Foundation und so weiter, weil ich das gerne mache mit diesem harten Contouring und so weiter, benutze ich Theaterschminke von Kryolan [Fachgeschäft für Theaterschminke], das sind dann so, wie so dicke Stifte, sieht aus wie so ein dicker Pritt-Stift, ist dann aber so sehr feste Fettfoundation, die auch extrem gut deckt, und da kostet so ein Stick schon 18 Euro oder so, was aber dafür, dass es ein Jahr hält, bei intensiver Nutzung, dann auch immer noch sehr günstig ist. Aber ist halt jetzt keine 4 Euro-Foundation."[351]

Neben dem qualitativ hochwertigen Produktangebot von Fachgeschäften wie *Kryolan* besteht hier die Möglichkeit, eine im Produktpreis inkludierte fachlich versierte und individuelle Kaufberatung in Anspruch zu nehmen. Die Wahl des richtigen Produkts beispielsweise in Bezug auf die Farbwahl und Hautverträglichkeit wird so eher gewährleistet als bei einem Onlinekauf.[352] Weiterhin reihen sich die Tunten und Drags mit einem Kauf in einem Fachgeschäft wie *Kryolan* in einen prominenten Kund*innenkreis ein. Denn laut Sanda gehen dort

> „viele bekannte Szenegesichter einkaufen und die [Ladeninhaber*innen] rühmen sich auch mit irgendwie Kunden wie Olivia Jones und so weiter. [...] [G]erade in dem Shop in Berlin haben die total viele Postkarten von berühmten Drag Kings, Drag Queens, die das [die Produkte] benutzen, [auch] Schauspielerinnen."[353]

Diese Marketingstrategie des Geschäfts suggeriert Kund*innen wie Sanda eine gewisse Nähe zu dem renommierten Kund*innenkreis. Einerseits wird der Kauf dort durch die Qualität der Produkte legitimiert, andererseits wird unter Umständen die Hoffnung manifest, eines Tages selbst zu dem bekannten Kund*innenkreis zu zäh-

350 Ebd., S. 115.
351 Interview mit Sanda Meer vom 28.01.2019 (1), Z. 492 ff.
352 Vgl. ebd., Z. 523 f.
353 Ebd., Z. 519 ff.

len. Denn Konsumpraktiken setzten „Menschen zueinander in Beziehung“[354] und können sowohl für die Individuen als auch für Gruppen von Menschen identitätsstiftend wirken.[355] Der Kauf in einem Fachgeschäft kann folglich dazu dienen, die eigene Zugehörigkeit zu der Gruppe der weiteren Käufer*innen auszudrücken und eine kollektive Identität zu schaffen. Zudem kann er auch ein Mittel zur Selbstidentifikation darstellen.[356]

Der Wunsch nach Qualität kann folglich nicht nur zur Wahl von zertifizierten Bio-Produkten, sondern auch zum Kauf in speziellen Fachgeschäften führen. Da diese jedoch in der Regel eher hochpreisig sind, wird dort nur „das Nötigste“ gekauft. Artikel, die nicht zwangsweise von hoher Qualität sein müssen, da sie das Endergebnis nicht gefährden, werden weiterhin (mitunter aus Kostengründen) in Drogeriemärkten erstanden.

Auch der Kauf von Artikeln wie Kleidern oder High Heels in Übergrößen sowie einlegbaren Brustimplantaten und verwandten Accessoires ist in Fachgeschäften möglich – so etwa in dem Erotik- und Fetischgeschäft *Boutique Bizarre* auf der Hamburger Reeperbahn. Hier werden High Heels auch in großen Größen angeboten, allerdings zum Preis von bis zu 100 Euro, der Preis für Silikonbrüste liegt bei circa 180 Euro.[357] Die Existenz von Fachgeschäften wie *Kryolan* oder *Boutique Bizarre* zeigt, dass auch die Wirtschaft Tunten und Drags als konsumierende und somit investierende Menschen erkannt und einen Markt mit entsprechenden Produkten etabliert hat. Die Praktiken des Konsumierens stehen folglich in konstitutivem Zusammenhang mit der Produktion und Distribution des Wirtschaftszyklus, denn das Kaufverhalten legitimiert die Her- und Bereitstellung der entsprechenden Produkte und Dienstleistungen.[358]

Zu den spezifischen Produkten des Marktes zählen auch die Perücken, deren Ankauf – so Ivana – eine größere Investition darstellt.[359] Hinsichtlich der Anzahl der erstandenen Perücken ergeben sich große Differenzen bei den Tunten und Drags: Während Gaby im Besitz von geschätzten 40 Perücken ist (Abb. 1) und auch Angelique mit ihren Perücken mehrere Schuhkartons füllen kann, nennen die anderen lediglich bis zu maximal vier Perücken ihr Eigen.[360] Der Preis von Perücken variiert sehr stark von 15 Euro aufwärts und steht in engem Zusammenhang mit der Qualität

354 Dabringer 2017, S. 92 f.
355 Vgl. ebd.
356 Vgl. ebd., S. 101 f.
357 Vgl. Wahrnehmungsspaziergang vom 01.12.2018, Z. 30 ff.
358 Vgl. Dabringer 2017, S. 89.
359 Vgl. Interview mit Ivana Bendova vom 13.02.2019, Z. 606 ff.
360 Vgl. Interview mit Gaby Tupper vom 29.01.2019, Z. 1024 f.; Interview mit Angelique van Klojten vom 28.02.2019 (1), Z. 110 f.; Interview mit Angelique van Klojten vom 28.02.2019 (1), Z. 107 ff.; Interview mit Sanda Meer vom 28.01.2019 (1), Z. 634 ff.; Interview mit Ivana Bendova vom 13.02.2019, Z. 606 ff.

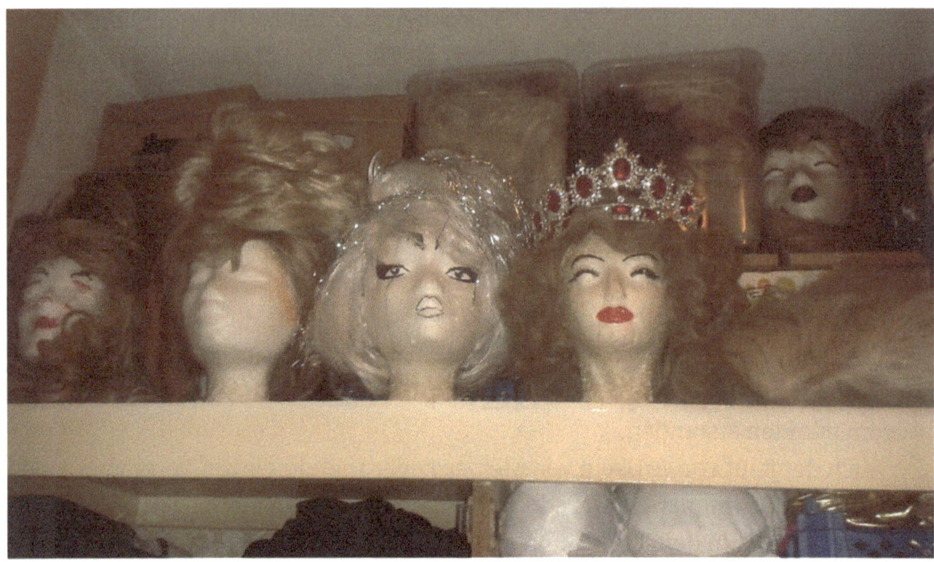

1 Gabys Perückensammlung im Kleiderschrank, Berlin 2019 (Foto: Nele Menze).

der Herstellung und der Materialien: So spielt bei Kunsthaarperücken etwa die Wahl des Kunststoffes eine wichtige Rolle, die darüber entscheidet, ob das Plastik bei Anwendung eines Glätteisens beispielsweise schmilzt oder frisierbar bleibt.[361] Weiterhin besteht die Möglichkeit, Perücken als Unikate bei Perückenmacher*innen zu erstehen. Angelique verweist auf einen Perückenmacher, der seine Einzelstücke über eine *Facebook*-Seite vertreibt. Diese Perücken zeichnen sich durch eine individuelle („abgedrehte“[362]) Gestaltung und Ausrichtung auf einen queeren Käufer*innenkreis aus. Auf eben dieser Seite tätigte Angelique die bislang „teuerste Anschaffung [ihres] Lebens“ – eine Perücke mit einem Kaufpreis von 100 Euro, gestaltet im Weihnachtsmotto und mit einer Lichterkette verziert (Abb. 2[363]).[364] Für ihre Investition erhielt sie ein Unikat, dass ihr als Alleinstellungsmerkmal dient.

Die Entscheidung, auf welche Preisklasse die Wahl fällt, ist individuell und steht neben der Frage nach der Finanzierung unter anderem in Zusammenhang mit der angestrebten Ästhetik. Je nach Look legen einige Tunten und Drags viel Wert auf qualitativ hochwertige und somit auch kostspielige Perücken, andere präferieren mit Blick auf die Camp-Ästhetik möglichst abgetragene Exemplare, die – so Sanda – „total schlimm“ aussehen.[365]

361 Vgl. Interview mit Sanda Meer vom 28.01.2019 (1), Z. 589 ff.

362 Interview mit Angelique van Klojten vom 28.02.2019 (1), Z. 283.

363 Alle in dieser Arbeit abgebildeten Fotos wurden während meiner Feldaufenthalte von mir fotografiert und wurden mit der Erlaubnis meiner Interviewpartner*innen hier abgedruckt.

364 Vgl. Interview mit Angelique van Klojten vom 28.02.2019 (1), Z. 128 ff.

365 Interview mit Sanda Meer vom 28.01.2019 (1), Z. 574.

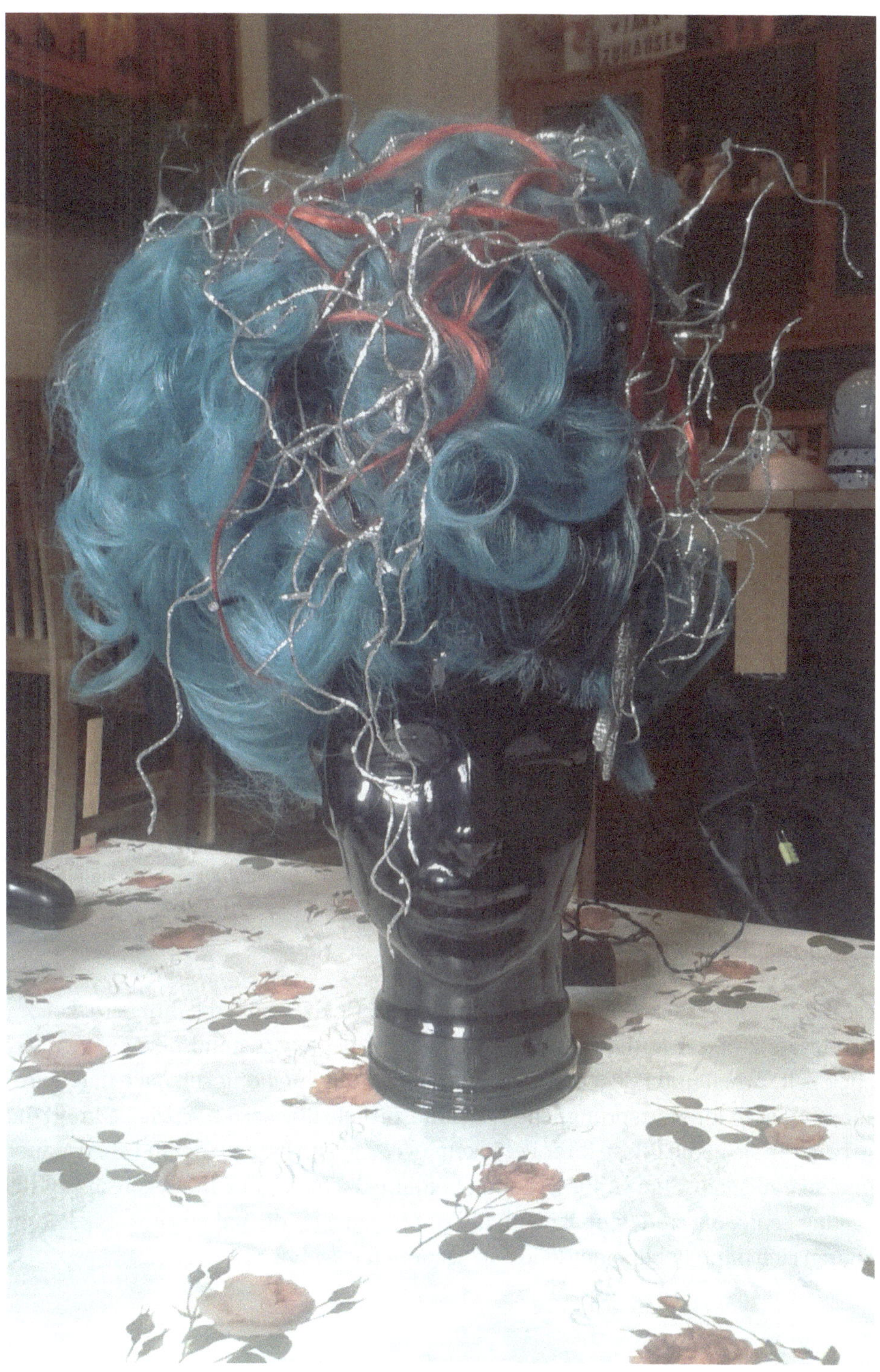

2 Angeliques Perücke mit Lichterkette, Kiel 2019 (Foto: Nele Menze).

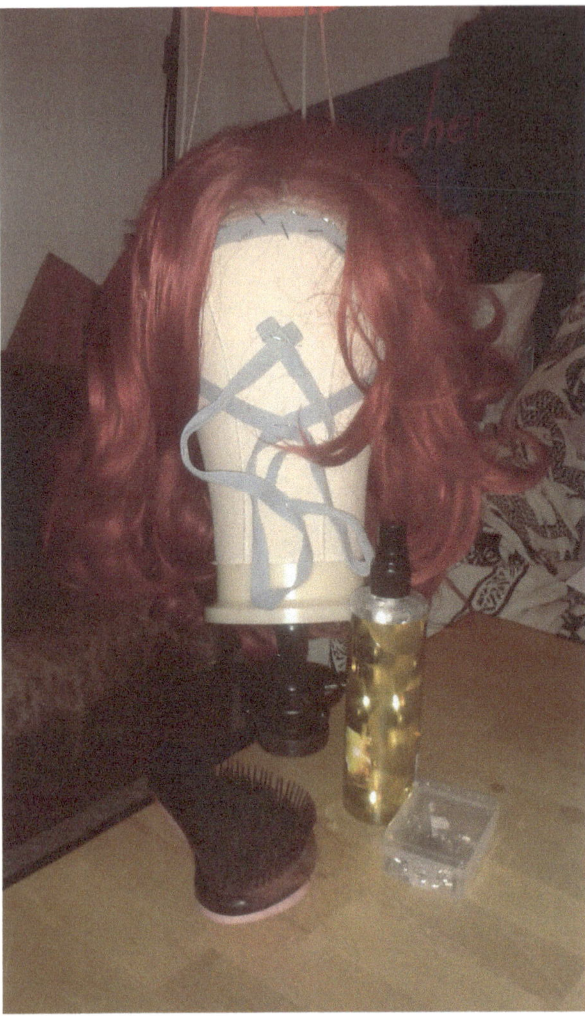

3 Sandas Perücke auf Perückenhalter mit Pflegeutensilien, Berlin 2019 (Foto: Nele Menze).

Der Besitz von Perücken kostet oftmals nicht nur Geld. Sanda, die ihre Perücken im Gegensatz zu ihrer Mitbewohnerin in einem gepflegten Zustand bevorzugt, muss auch Zeit, Arbeit und Pflegeprodukte investieren, um ihre Perücken nach deren Einsatz wieder in ihren ursprünglichen Zustand zurückzuversetzen.[366] Die Zeit und die Arbeit, die sie in die Pflege ihrer Perücken investiert, verlängern deren Lebensdauer und sparen somit Geld (Abb. 3). Sanda betont jedoch, es gäbe im Gegensatz zu ihr „genug Leute, die sind dann zu faul, die zu pflegen oder die haben zu viel Geld und kaufen sich dann lieber eine Neue nach zehnmal tragen“[367].

366 Vgl. ebd., Z. 638 ff.
367 Ebd., Z. 627 ff.

Auch der Onlinehandel stellt einen zentralen Ort des ökonomischen Handelns der Tunten und Drags dar:

> „[D]ie Klamotten, die kriege ich, [...] weil ich ja nun mal eher eine XL-Drag bin, aus China [lacht], da habe ich schon Glück gehabt, man kann aber auch viel Pech haben. Also ich hab auch schon Sachen bestellt, die dann einfach verschnitten waren oder wie auch immer. Aber da habe ich Einiges."[368]

Das Sortiment des Onlinehandels ist im Vergleich zu dem lokalen Angebot häufig preisgünstiger und umfassender.[369] Dies wird insbesondere aufgrund eines Problems relevant, mit dem sich nicht nur Angelique, sondern vielmehr ein Großteil der Tunten und Drags je nach Körpergröße und -umfang in unterschiedlichem Ausmaß auseinandersetzen muss. Sanda pointiert, dass

> „Frauenklamotten [...], wie du sicher ja auch weißt, oft sehr klein und eng und für absurde Maße geschneidert [sind] und das wird einem natürlich auch sehr stark bewusst, wenn man dann plötzlich anfängt, so jetzt als Typ sag ich, ebensolche kaufen zu wollen."[370]

Lösungen stellen oftmals Stretchstoffe[371] oder eben – wie im Falle Angeliques – importierte Kleidung aus dem Onlinehandel dar. Für High Heels in Übergrößen gilt dasselbe, denn bei geringerer Verfügbarkeit steigt vor allem in lokalen Geschäften der Preis. Daher sind laut Angelique „Schuhe [...] immer das größte Problem [...], weil ich hab Schuhgröße 45, 46, da bist du eigentlich immer mit 50 bis 100 Euro dabei."[372]

Selbstverständlich werden auch einige Käufe in lokalen Geschäften getätigt. Häufig, so Sanda, finden situative „Opportunitätskäufe"[373] etwa im Saison-Schlussverkauf zu ermäßigten Preisen statt. Der Kauf in einem lokalen Geschäft ohne spezifischen Fokus auf eine queere Kund*innenschaft bringt jedoch eine Herausforderung in Bezug auf die soziale Dimension des Konsumierens mit sich, die bei anonymen Onlinekäufen nicht existiert: die unmittelbare körperliche Anwesenheit und die Auseinandersetzung mit weiteren Kund*innen und Verkäufer*innen beim Kauf von „Damenartikeln". So beschreibt Sanda Momente sozialer Irritationen:

368 Interview mit Angelique van Klojten vom 28.02.2019 (1), Z. 256 ff.
369 Vgl. Interview mit Sanda Meer vom 28.01.2019 (1), Z. 455 ff.
370 Ebd., Z. 467 ff.
371 Vgl. ebd., Z. 470 ff.
372 Interview mit Angelique van Klojten vom 28.02.2019 (1), Z. 262 f.
373 Interview mit Sanda Meer vom 28.01.2019 (1), Z. 479.

> „Also es gibt hier gerade am Kottbusser Damm total viele interessante Klamottenläden. Da wird man auch oft, egal wo man einkauft, immer ein bisschen komisch angeguckt, aber da vergeht einem die Scham, das ist dann so, ja, was soll's."[374]

Tunten und Drags müssen folglich ein gewisses Maß an Mut und Überwindung aufbringen, um sich diesen Situationen zu stellen. Im Umgang hiermit greifen sie zu verschiedenen Strategien. Kördney setzt beispielsweise auf die Sicherheit der Gruppe:

> „Überwindung [betont] fand ich lange Zeit, diese Make-up-Sachen zu kaufen. [...] [D]as fand ich irgendwie doch immer so ein bisschen ... ja ... Herzklopfen, Aufregung, unangenehm, weil es irgendwie doch, wenn so ein Kerl sich da irgendwie was aus dem Make-up-Regal rausfischt, untypisch ist. Aber ich bin ja nie- das gab nie Kommentare oder so. Es wird natürlich geguckt, so, was macht der da? Manchmal mach ich es auch mit irgendjemand anderes, dann gehe ich zu zweit solche Sachen kaufen. Ist ja auch witziger."[375]

Angelique hingegen verlässt sich auf ihren erfahrenen Blick:

> „[A]m Anfang hätte ich mich nie getraut, inzwischen kaufe ich da [C&A] einfach die Sachen. Also ich habe sie da noch nie anprobiert, aber ich weiß ja inzwischen auch ungefähr was mir passt und was nicht."[376]

Trotz aller Erfahrung besteht bei dem Verzicht auf eine Anprobe aufgrund verschiedener Schnittmuster und Konfektionsgrößen-Vorlagen stets das Risiko, ein Kleidungsstück zu erstehen, das letztendlich doch nicht den eigenen Maßen entspricht oder dessen Schnitt schlicht schlecht sitzt. Zwar empfindet es Angelique als Fortschritt, überhaupt in lokalen Geschäften Käufe tätigen zu können, doch führt die soziale Irritation dazu, ihre Freiheiten im Kaufprozess einzuschränken. In ihren Konsumpraktiken – etwa beim Kauf vermeintlich gegengeschlechtlicher Artikel – wird die Abweichung von der heteronormativen Ordnung sichtbar. Der Status als von ebendieser Ordnung abweichender Mensch beeinflusst die Konsumgewohnheiten der Tunten und Drags und lässt die soziale Dimension des Konsumierens in Erscheinung treten.[377]

Auch wenn günstige Artikel bevorzugt erstanden werden, addieren sich die finanziellen Kosten für den Kauf von Kleidungsstücken, Schminkprodukten, High

374 Ebd., Z. 479 ff.

375 Interview mit Kördney Ehlichmann vom 21.02.2019, Z. 202 ff.

376 Interview mit Angelique van Klojten vom 28.02.2019 (1), Z. 259 ff.

377 Vgl. Dabringer 2017, S. 87.

Heels und Perücken schnell. So pointierte bereits Dolly Parton, die der Drag-Szene sehr nahesteht mit ironischem Verweis auf ihren Look in ihrem bekannten Zitat: „It costs a lot of money to look this cheap“[378]. Tunten und Drags müssen folglich mit ihren Ausgaben haushalten:

> „Ich versuche [betont] nur so viel Geld zu investieren, wie ich auch reinbekomm. Das funktioniert nicht, weil dafür kaufe ich viel zu gerne ein [lacht]. Mein Konto spricht Bände, es ist ganz furchtbar.“[379]

Doch Not macht erfinderisch. Neben den Onlinekäufen und dem Einkauf in lokalen Geschäften wird ein weiterer Sektor rege von Drags und Tunten frequentiert: der Secondhandhandel.

Für diejenigen Drags, die eine glamouröse Ästhetik anstreben, ist das teils sehr preiswerte Angebot in Secondhandläden der größte Vorteil.[380] Für einige Tunten jedoch ergibt sich neben der möglichen Kostenersparnis hinsichtlich der Auswahl der angebotenen Kleidungsstücke ein weiteres Potenzial. In Kiel besonders beliebt sind die Filialen des *Kilo-Ladens*[381]:

> „[D]as [ist] einfach super witzig [...], was man da irgendwie an Schätzchen so findet. Da hab ich auch mal so einen Pelzmantel gefunden, den ich für sechs Euro geschossen hab, also ein Fake-Pelzmantel natürlich, aber so ein Riesending, den ich auch im Winter immer trage, wenn ich zu Auftritten gehe, bei TK Maxx hab ich manchmal irgendwie Teile gefunden, die halt auch unglaublich schlimm aussehen [...].“[382]

Die dem Konzept von Secondhandhandel zugrundeliegende Logik des Weiterverkaufs aussortierter Mode fügt sich vielversprechend in die Ansprüche der im Sinne der tuntigen Camp-Ästhetik bevorzugten Kleidung. Denn es ist die Vergänglichkeit von Objekten und Mode, die vor allem die Sympathien der Tunten weckt. Objekte, die mit dem Attribut „campy“ belegt werden, sind oftmals aus der Zeit gefallen oder verfügen über eine gewisse Banalität:

---

378 Rose 2015.

379 Interview mit Gaby Tupper vom 29.01.2019, Z. 649 ff.

380 Vgl. vollständig anonymisiertes Interview vom 28.03.2019, Z. 350 ff.

381 *Der Kilo-Laden – top mode zu kilopreisen* verfügt über drei Filialen in Kiel und basiert auf dem Konzept, Secondhandkleidung nach Kilopreis zu verkaufen. Der Preis pro Kilo wechselt täglich und beträgt zwischen 29,99 und 11,99 Euro/Kilo. Die Ware wird an der Kasse gewogen und der Preis entsprechend dem Tagestarif errechnet; vgl. Der Kilo-Laden 2019.

382 Interview mit Ivana Bendova vom 13.02.2019, Z. 570 ff.

„Thus, things are campy, not when they become old – but when we become less involved in them, and can enjoy, instead of be frustrated by, the failure of the attempt.“[383]

Der Status als vermeintlich aus der Mode gefallene Kleidungsstücke stellt einen Vorteil für die interessierten Tunten dar, denn sie müssen nicht mit weiteren Käufer*innen um die Stücke konkurrieren. So pointiert Sanda: Die („schrullige“[384]) Kleidung, die sie suche, bliebe „meistens ohnehin bis zum Schluss übrig“[385].

An dieser Stelle zeigt sich, welche Rolle individuell oder kollektiv geprägte Präferenzen in Bezug auf die Konsumwünsche und -praktiken spielen. In der Tendenz der Tunten, entsprechend der tuntigen Ästhetik campy Outfits zu bevorzugen, erklären sich der kollektive Hang zu Secondhandläden und der oftmals erfolgreiche Einkauf dort. Die Konkurrenz um Kleidungsstücke ist durch den spezifischen Fokus der Tunten auf campy Artikel gering. Gleichzeitig ist das Kaufen in Secondhandläden (oder auch in Fachgeschäften wie *Kryolan*) eine gemeinschaftsstiftende, gruppenspezifische Praxis.[386] Konsumwünsche und -praktiken sind folglich nicht einzig eine Reaktion auf etwa ein beworbenes Warenangebot, sondern vielmehr das Resultat sozialer Praktiken.[387] Zusätzlich zu den lokalen Secondhandläden haben sich auf Internetplattformen wie *Facebook* Secondhandgruppen oder auch spezifische Travestie- und Drag-Flohmärkte etabliert.[388] An dieser Stelle tritt der vergemeinschaftende Charakter des Konsumierens umso deutlicher zu Tage.

Hinsichtlich der Einkaufpraktiken wird deutlich, dass für die Tunten und Drag Queens meines Samples vor allem die Faktoren Preis und Ästhetik zu den zentralen Kriterien der Kaufentscheidung zählen. Nach dem Kauf müssen zudem immaterielle Ressourcen wie Zeit und Aufwand investiert werden, um die materiellen Güter instand zu halten. Neben monetären Mitteln und dem Faktor Zeit müssen die Tunten und Drags insbesondere bei dem Kauf in lokalen Geschäften zudem ein hohes Maß an immateriellen Ressourcen wie Mut und Überwindung aufbringen, um sich den möglicherweise ergebenden sozialen Irritationen zu stellen, die sich für die als „Männer“ gelesenen Drags und Tunten beim Kauf vermeintlich gegengeschlechtlicher Produkte ergeben. Es zeigt sich, dass Konsumverhalten und soziale Beziehungen in reziprokem Verhältnis stehen.[389] Das ökonomische Handeln der Tunten und

383 Sontag 1964, S. 8. Erwähnt sei in diesem Zusammenhang die Abgrenzung von Camp zu Kitsch – denn Kitsch als Massenprodukt fehle die Liebe in der Herstellung; vgl. ebd., S. 13.

384 Interview mit Sanda Meer vom 28.01.2019 (1), Z. 491.

385 Ebd., Z. 489 f.

386 Vgl. Dabringer 2017, S. 95.

387 Vgl. Appadurai 1999 [1986], S. 29 f., nach Dabringer 2017, S. 96.

388 Vgl. Interview mit Sanda Meer vom 28.01.2019 (1), Z. 462 ff.; Interview mit Angelique van Klojten vom 28.02.2019 (1), Z. 270 ff.

389 Vgl. Dabringer 2017, S. 93.

Drags im Rahmen von Konsumpraktiken stellt einen „Ausdruck von Lebensgestaltung“[390] dar. Es dient im Sinne identitätsstiftenden Handelns der Ausformung von Zugehörigkeit oder Abgrenzung von und zu anderen gesellschaftlichen Gruppierungen und verfügt zudem über politisches Potenzial, beispielsweise bezüglich der Mitgestaltung des Marktgeschehens.[391]

4.2.2 Do it yourself (DIY)

Hinsichtlich der Ausstattung mit Fummel, Dutte, Stöckel und Accessoires gehen die Praktiken der Drags und Tunten über den reinen Konsum hinaus. Einen großen Stellenwert in der Drag-Szene nehmen Do-it-yourself-Praktiken ein[392] – grob gefasst: überwiegend nichtprofessionelle und nichtkommerzielle Tätigkeiten im Zusammenhang mit der Herstellung, der Abänderung oder der Reparatur von Dingen.[393] Diese schonen den Geldbeutel, ermöglichen die Integration ökologischen und sozialkritischen Verhaltens in das ökonomische Handeln und führen schließlich auch zu Selbstermächtigung. Der Europäische Ethnologe Konrad Kuhn versteht DIY-Praktiken als Formen alternativen Wirtschaftens. Diese seien laut Manfred Seifert zum einen als Gegenentwurf zu der hegemonialen kapitalistischen Ökonomie zu verstehen, zum anderen fielen auch Neubestimmungen des Ökonomischen in ihren Rahmen. Alternative Wirtschaftsformen manifestierten sich zwar in einer überwiegend nichtkapitalistischen Agenda, doch könnten sie nicht vollständig losgelöst von den omnipräsenten Bedingungen des kapitalistischen Wirtschaftssystems bestehen.[394]

Zunächst stehen für die Tunten und Drags wirtschaftliche Überlegungen im Vordergrund. So ist es deutlich kostensparender, preiswerte Artikel oder Stoffe zu erstehen und sie eigenständig weiterzuverarbeiten. Der historische Ursprung des derzeitigen DIY-Trends liegt in der vorindustriellen Zeit, in der es aus Kostengründen – speziell im bäuerlichen Umfeld – notwendig beziehungsweise ökonomisch war, die wenigen Gegenstände des eigenen Besitzes möglichst lange Zeit zu erhalten, zu reparieren und in ihren Gebrauchsmöglichkeiten umzudeuten. Neuanschaffungen konnten somit herausgezögert oder sogar vermieden werden.[395] Die folgende

390 Spittler 2002, S. 17, zit. nach Dabringer 2017, S. 93.

391 Vgl. ebd., S. 111.

392 Das DIY-Phänomen wird auch in der Europäischen Ethnologie/Volkskunde in vielfältigen Kontexten betrachtet. Vgl. u. a. Pesch 2016 (im Kontext musealer Ausstellungsarbeit); Windmüller 2017 (im Kontext Abfallforschung); Langreiter 2016, 2017 (im Kontext feministischer Protestformen); Kuhn 2019 (im Kontext alternativer Formen des Wirtschaftens).

393 Vgl. Pesch 2016, S. 8; Langreiter/Löffler 2017, S. 8.

394 Vgl. Seifert 2019, S. 172 ff.

395 Vgl. Pesch 2016, S. 9.

Strategie – hier von dem*der anonymisierten Interviewpartner*in hinsichtlich ihrer*seiner Planung der Organisation ihrer*seiner Bekleidung formuliert – zählt zu den verbreiteten Praktiken:

> „So secondhand und dann umbasteln oder so, aber was ich vorhab, muss ich dann wahrscheinlich auch selber nähen, weil ich hab keine Sponsoren, wie bei RuPaul [lacht]. Und auch keinen reichen Mann."[396]

Insbesondere die Kombination aus dem Kauf in Stoff- oder Secondhandläden und DIY ist gängig. Auch Sanda berichtet von einem Stoff, den sie sehr günstig (ca. 3 €/m) auf einem Stoffmarkt erstanden hat und den sie im Folgenden zu einem „eleganten", „divenmäßigen"[397] Kleid mit Schleppe weiterverarbeitet hat.[398] Im Rahmen dieser Praktiken werden Stoffe oder Kleidungsstücke, die am Ende der Verwertungskette angekommen sind, aufgewertet und – sollten sie beispielsweise im Anschluss auf einem Tunten- und Drag-Flohmarkt zum Verkauf angeboten werden – sogar erneut in den Wirtschaftskreislauf integriert. Die Drags und Tunten erkennen den Wert und das Potenzial in den abgetragenen Stücken. Durch den Kauf und die Bearbeitung „retten" sie Kleidung und Rohmaterialien, die unter Umständen in ihrem Ursprungszustand keine weiteren Abnehmer*innen gefunden hätten. Durch ihre Arbeit mit dem Material findet eine Inwertsetzung statt – aus etwas Aussortiertem entsteht etwas Neues, Tragbares. Diese Art der Umnutzung entspricht dem kapitalistischen Wunsch nach maximalem Nutzen. Die Formen von Konsum und Weiterverarbeitung (Produktion) sind nicht nur aus ökonomischer Perspektive sinnhaft, sie sind auch nachhaltig und somit Teil einer sozial-ökologischen Verantwortung. DIY-Praktiken stellen somit keinesfalls ausschließlich „Notlösungen" aufgrund eines geringen ökonomischen Kapitals dar – vielmehr sind die handgemachten Endprodukte eine Alternative zu industriell gefertigter Massenware.[399]

Weiterhin ermöglicht das selbstständige Bearbeiten von Rohmaterialen das Ausleben der eigenen Kreativität und erfordert Improvisationsvermögen.[400] So pointiert Gaby, sie habe aufgrund ihrer kreativen und künstlerischen Begabung „das große Talent, aus Scheiße Gold zu machen"[401]. Sanda ergänzt den Spaßfaktor, den das Ausleben der eigenen Kreativität mit sich bringt.[402] Neben der Freude an

396 Vollständig anonymisiertes Interview vom 28.03.2019, Z. 350 ff.

397 Interview mit Sanda Meer vom 28.01.2019 (1), Z. 978.

398 Vgl. ebd., Z. 1912 f.

399 Vgl. Pesch 2016, S. 8.

400 Vgl. ebd., S. 12.

401 Interview mit Gaby Tupper vom 29.01.2019, Z. 937 f.

402 Vgl. Interview mit Sanda Meer vom 28.01.2019 (1), Z. 477 f. Dass der Wunsch nach dem Ausleben der eigenen Kreativität nach Andreas Reckwitz stets auch mit dem sogenannten Kreativitätsimperativ einhergeht, wird ausführlich in Kapitel 4.5 dargelegt; vgl. Reckwitz 2014, S. 10.

der Tätigkeit selbst führt das eigenständige Bearbeiten und Formen der Materialien zu einer Individualisierung der Stücke – es entstehen Unikate.[403] Drags und Tunten sind durch DIY-Praktiken befähigt „viel mehr Ausdruck in [ihre] Kleider [zu] bringen und viel mehr [den] eigenen Stil“[404] in das bearbeitete Produkt zu integrieren. Dies steigert den Wiedererkennungswert der Drags und Tunten und ist somit auch als identitätsstiftende Praktik zu verstehen.[405]

Letztendlich geht mit den DIY-Praktiken Selbstermächtigung einher, denn sie stellen nicht nur eine Abwendung vom reinen Konsum dar und ermöglichen das kreative Ausleben der individuellen Vorstellungen von Ästhetik. DIY-Praktiken bergen auch das Potenzial der Schöpfung von Selbstbestätigung und Steigerung des Selbstwertgefühls.[406] Der Erfolg ihrer Arbeit stärkt auch bei Sanda das Selbstbewusstsein:

> „Das [deutet auf einen Jumpsuit] hab ich auch komplett selber genäht, da war ich auch total stolz auf mich, mit dem Reißverschluss und so, dass das geklappt hat. Ja, mit dieser rosa Spitze und so weiter, das ist natürlich alles andere als so ‚fashion forward‘, sag ich mal. Aber es war trotzdem ein total geiler Look und der sitzt auch ganz gut, sodass er einen geilen Arsch macht trotz allem und so weiter. Und das mit diesem Teil [ein ebenfalls selbstproduzierter Hut] sieht halt natürlich total abgefahren aus.“[407]

Ein Teil der Freude und des Stolzes über die Ergebnisse ihrer Arbeit beruht bei vielen Drags und Tunten auf dem Bewusstsein ihrer handwerklichen wie kreativen Fähigkeiten und Talente:

> „Ich kann mit einer Nähmaschine umgehen, ich kann malen, also ich weiß, wie ich bestimmte Sachen kombiniere, dass es denn gut aussieht. Ich kann ... mir bestimmte Sachen selber fertigen, also ich näh mir zum Teil Sachen selber oder ich ändere Sachen, wenn ich ein Kleid habe, das mir zu groß ist, dann weiß ich, wie ich es abnähen kann, sodass es enger ist. Ich weiß, wie ich aus einem Herrenoberhemd und ein bisschen Stoff ein Dolly Parton-Western-Hemd machen kann.“[408]

403 Vgl. Langreiter 2017, S. 345.
404 Interview mit Ivana Bendova vom 13.02.2019, Z. 577 f.
405 Vgl. Langreiter 2017, S. 345; Kuhn 2019, S. 230.
406 Vgl. Windmüller 2017, S. 290 mit Verweis auf Heckl 2013.
407 Interview mit Sanda Meer vom 28.01.2019 (1), Z. 1890 ff.
408 Interview mit Gaby Tupper vom 29.01.2019, Z. 939 ff.

Wie Kuhn konstatiert, zählen die Selbstwirksamkeit und die „Erfahrung von eigener Handlungsmacht“[409] zu den zentralen Elementen des DIY-Handelns.[410] Das Wissen und die Techniken eignen sich die Tunten und Drags auf verschiedenen Wegen an. Während Ivana etwa auf eine Einführung in die Grundlagen durch ihre Mutter (hauptberuflich Schneiderin) setzt[411], rezipiert Sanda anleitende Videos auf der (in diesem Fall: Lern-)Plattform *YouTube*[412]. Zudem unterstützen auch Bastel- und Schneidereibücher den autodidaktischen Lernprozess.[413] Mit zunehmender Popularität des Phänomens DIY hat sich ein eigener Markt etabliert. Nicht nur werden selbstgemachte Produkte zum Kauf (online wie lokal) angeboten, auch der Handel mit thematisch ausgerichteten Büchern, Ratgebern und Zutatensets boomt.[414] Mit ihrem Handeln integrieren sich die Tunten und Drags somit auch vor diesem Hintergrund in den klassischen Wirtschaftszyklus.

Insgesamt führt das Selbermachen – die Do-it-yourself-Praktiken – zu einer Abwendung vom reinen Konsum und somit zu Selbstermächtigung auf verschiedenen Ebenen: die Unabhängigkeit von Preisniveaus auf dem Markt durch preiswertes Einkaufen mit anschließender Weiterverarbeitung; die Möglichkeit der Selbstverwirklichung durch das Ausleben des eigenen kreativen Potenzials; die (teilweise) Unabhängigkeit von der Angebotsvielfalt des Marktes durch die Fähigkeit der Weiterverarbeitung und Individualisierung der Artikel mit einhergehender Steigerung des Wiedererkennungswertes und letztlich die Selbstermächtigung durch Zunahme des Selbstwertgefühls und Stolz auf das eigene Können und die selbsterarbeiteten Erfolge. Diese als alternative Formen des ökonomischen Handelns zu verstehenden Praktiken gehen folglich über rein wirtschaftliche Gewinne – beziehungsweise Einsparungen – hinaus, indem sie auch auf der Subjektebene zu Selbstermächtigung führen. Zudem implizieren die DIY-Praktiken der Tunten und Drags subversives Potenzial, da sie sich mit ihrem Handeln dem patriarchalen Verständnis von Handarbeit als weiblichem Zuständigkeitsbereich widersetzen.

Letztendlich entsteht jedoch durch diese Form des ökonomischen Handelns im Vergleich zu einem Direktkauf ein Mehraufwand an Zeit und Arbeit[415], der in die DIY-Artikel investiert werden muss, sowie – in diesem Fall als Ressource zu verstehendes – Wissen[416]. So schreibt Nikola Langreiter, textile Handarbeit sei – wie zeitgenössische Aktivitäten allgemein – freiwillige und selbstbestimmte Freizeitbe-

409 Kuhn 2019, S. 229.
410 Vgl. ebd.
411 Vgl. Interview mit Ivana Bendova vom 13.02.2019, Z. 583 f.
412 Vgl. Interview mit Sanda Meer vom 28.01.2019 (1), Z. 1923 f.
413 Vgl. Gesprächsdokumentation zu Gaby Tupper am 29.01.2019, Z. 20 f.
414 Vgl. Pesch 2016, S. 17; Spiegel 2016, S. 7.
415 Vgl. Langreiter 2017, S. 345.
416 Vgl. Pesch 2016, S. 8 u. S. 17.

schäftigung, gleichzeitig jedoch auch „eine arbeitsähnliche, wertschöpfende Tätigkeit“[417]. Inwiefern das hier zentrale Element der Kreativität als schöpferisches und verwertbares Potenzial im Zusammenhang mit neoliberalen Strukturen und Unternehmertum im Kontext der Drag-Szene aufscheint, wird in Kapitel 4.5 diskutiert.

4.3 Netzwerke

Einen großen Anteil innerhalb der Erzählungen der Interviewpartner*innen stellt die Thematisierung der Community sowie ihrer Netzwerke und Charakteristika dar. Auch in diesem Zusammenhang lassen sich Formen ökonomischen Handelns in den Praktiken der Tunten und Drags erkennen, die überwiegend nicht an kapitalistischen Wirtschaftsweisen orientiert sind. Vielmehr deuten sie auf die Existenz weiterer Formen der Alternativökonomie hin – etwa im Sinne des Aushandelns kultureller Werte und Ordnungen.[418] Im Rahmen des folgenden Kapitels wird der Blick auf die Relevanz von Netzwerken in Bezug auf ökonomisches Handeln gerichtet.

Drags und Tunten innerhalb der LSBAT*I*Q-Community scheinen vornehmlich in losen inoffiziellen Netzwerken organisiert, doch es existieren auch einige Gruppierungen höheren Institutionalisierungsgrades – oftmals in Vereinsform. Einige Beispiele hierfür sind etwa der 2016 gegründete Berliner Verein *Travestie für Deutschland* (TfD), dessen Mitglieder sich mit der Kunst der Satire gegen „Fremdenfeindlichkeit, Homo- und Transphobie, Misogynie und alle ihre Unterarten“[419] engagieren, der Verein *HAKI e. V.* in Kiel, der unter anderem mit einem großen Beratungs- und Veranstaltungsangebot Raum für Menschen der LSBAT*I*Q-Szene schafft[420], oder auch die *Nordschwestern*, ein Ordenshaus der *Schwestern der Perpetuellen Indulgenz im Tempel der nordischen Freude e. V.* (S.P.I. e. V.), in dem sich die Ordensmitglieder – die Schwestern – gegen Ausgrenzung und für Toleranz einsetzen und durch Spendenaktionen gezielt HIV- und AIDS-Projekte unterstützen.[421]

In Berlin existieren lose Netzwerke, die sich um verschiedene Drag-Szene-Treffpunkte etabliert haben. Beispielsweise ist das *SchwuZ* ein beliebter Aufenthaltsort

417 Langreiter 2017, S. 345.

418 Vgl. Wolff 2019, S. 477; Herzfeld 2006, S. 105.

419 Travestie für Deutschland 2019.

420 Vgl. *HAKI e. V.* 2019.

421 Bei dem Orden der Schwestern der Perpetuellen Indulgenz handelt es sich um eine internationale Organisation. Die Gründung des „Mutterhauses“ fand 1979 in San Francisco statt – mittlerweile gibt es weltweit Ordenshäuser. Die *Nordschwestern* bilden eines von aktuell sieben aktiven Ordenshäusern in Deutschland; vgl. Schwestern der Perpetuellen Indulgenz im Tempel der nordischen Freude e. V. 2019.

für Tunten und Drags, die überwiegend „nicht so [betont] international [...] schon sehr weiß, sehr ... deutsch“[422] sind. Ein eher internationales Netzwerk, das sich auch durch eine größere „geschlechtliche Vielfalt“[423] auszeichnet, hat sich um die Drag Queen Pansy aufgebaut, die die Karaoke-Bar *Monster Ronson's* zum regelmäßigen Treffpunkt und Veranstaltungsort für Shows etabliert hat.[424]

Die Gruppierung der *Schlösschentunten* weist in ihrer Beschaffenheit im Vergleich zu anderen Zusammenschlüssen einige besondere Charakteristika auf. Da viele der Teilnehmer*innen über mehrere Jahre regelmäßig Teil des Vernetzungstreffens sind, handelt es sich laut Sanda um einen „kleinen Mikrokosmos“[425]. So fänden auch Drags und Tunten Anschluss an eine Gemeinschaft, die beispielsweise durch einen Wohnort in einer Mittel- oder Kleinstadt an keine lokale Drag-Szene (wie etwa in Berlin) angebunden sind.[426]

Die Mitglieder etablieren eigene Handlungslogiken, die insbesondere während der Vernetzungstreffen, aber auch darüber hinaus greifen und spezifische Praktiken umfassen. Dokumentiert wird ein Teil dieses Ordnungsrahmens in dem sogenannten *HomoWiki*, welches die *Schlösschentunten* gemeinsam pflegen. Seit der Inbetriebnahme im Jahr 2006 mehren sich hier Artikel über das queere Leben, die Aktivitäten der *Schlösschentunten* oder auch ihre Rituale und Begrifflichkeiten.[427] Mit der Etablierung dieses Ordnungsrahmens und den entsprechenden Handlungslogiken erschaffen die *Schlösschentunten* einen alternativen Handlungsraum. Ironie und Sarkasmus spielen hierbei eine sehr große Rolle. So werden etwa die Artikel des *HomoWikis* nicht ausschließlich in seriös-archivarischer Absicht verfasst. Stattdessen existieren – so Sanda – „total viele ultra [betont] alberne und sinnlose Artikel“[428]. Sie pointiert, dass

> „Tunten und Drag Queens generell, aber vor allem die Tunten und vor allem die Schlösschentunten [...] eine Parodie von allem [machen], was sie schlecht an der Welt finden. Auch von dem, was sie gut finden, auch von sich, aber vor allem von Sachen, die sie schlecht finden.“[429]

Auf diesem Prinzip der Parodie fußt der Ordnungsrahmen der *Schlösschentunten*. Der erste grundsätzliche Gegenstand der Parodie zeigt sich in dem Charakter des Regelsystems, dass sich die *Schlösschentunten* eigens errichtet haben. Über diesem

422 Interview mit Sanda Meer vom 28.01.2019 (1), Z. 996 f.
423 Ebd., Z. 999.
424 Vgl. ebd., Z. 998 ff.
425 Ebd., Z. 793.
426 Vgl. ebd., Z. 780 ff.
427 Vgl. HomoWiki 2019.
428 Interview mit Sanda Meer vom 28.01.2019 (1), Z. 817 f.
429 Ebd., Z. 1496 ff.

Regelsystem schwebt die einzig wahre Regel, die Tunten tatsächlich befolgen müssen: „Eine tuntische Regel muss gebrochen werden!“[430]. Die *Schlösschentunten* können somit entweder eine der anderen „tuntischen“ Regeln brechen und befolgen somit die einzig wahre Regel oder sie befolgen andere tuntische Regeln und brechen die einzig wahre Regel. Folglich etablieren sie zwar ihr eigenes Regelsystem – welches an sich schon eine Parodie und gesellschaftskritische Abgrenzung von Regelsystemen darstellt – und führen dies sowie Regelsysteme als Ordnungseinheiten im Allgemeinen im Anschluss durch die Benennung der einzig wahren Regel ad absurdum. Das Mittel der Parodie erzeugt einen denaturalisierenden, kritisch-subversiven Effekt, den auch Sabine Hark in Anlehnung an Linda Hutcheons *Theorie der Parodie* identifiziert hat.[431] Mit dem Aufgreifen historisch gewachsener, nun hegemonialer Vorstellungen im Rahmen parodistischer Praktiken wird die Wirkmächtigkeit kultureller Normen zugleich aufgezeigt und untergraben. Durch die Parodie eröffnet sich die Möglichkeit der Redefinition. Um Umdeutungen hegemonialer Ordnungen zu ermöglichen, ist es jedoch notwendig, zunächst in ebendiese Ordnungen einzutreten, um sie schließlich mittels parodistischer Praktiken mit alternativen Deutungshorizonten zu erweitern.[432] Diese „Huckepack-Strategie“ – so Hark – „erklärt, warum Camp einerseits als Vehikel der Transgression gilt, andererseits aber das Gespenst herrschender Ideologie aufruft“[433], denn es droht der Schein der reinen Reproduktion hegemonialer, heteronormativer Praktiken. Für eine Relativierung der Angst vor dem „Modus der ewigen Zitation“[434] sorgt Judith Butler, die auf einen entscheidenden Unterschied aufmerksam macht. Schließlich sei zu differenzieren, ob eine Auseinandersetzung *mit* diesen hegemonialen Ordnungen besteht, oder eine Determinierung *durch* sie.[435]

4.3.1 Reziprozität

Ein weiterer Gegenstand, der einer Parodie durch die *Schlösschentunten* sicher ist, ist das Thema Religion im Allgemeinen und Katholizismus im Besonderen, da beides für queere Menschen oftmals problematisch und konfliktreich aufgeladen ist. Daher – so Sanda – „wird sich natürlich überall über sowas lustig gemacht ohne Ende“[436] – insbesondere in Form der Tunten-Taufe.[437] Im Kreise der *Schlösschen-*

430 Ebd., Z. 1583.
431 Vgl. Hark 1998, S. 124 in Anlehnung an Hutcheon 1985, S. 7.
432 Vgl. Hark 1998, S. 124 f.
433 Ebd., S. 126.
434 Reuter 2018, S. 44.
435 Vgl. Hark 1998, S. 126 mit Verweis auf Butler 1996, S. 28.
436 Interview mit Sanda Meer vom 28.01.2019 (1), Z. 1502.
437 Vgl. ebd., Z. 1492 ff.

tunten zählt es nicht zu den gängigen Praxen, dass sich die Tunten ihre Namen[438] eigenständig aussuchen können, vielmehr werden sie ihnen durch Tunten-Taufen im Rahmen einer durch Regeln strukturierten Zeremonie zugeteilt. Angelehnt an die christliche Taufformel „im Namen des Vaters, des Sohnes und des Heiligen Geistes" lautet das Credo der Tunten nun jedoch „a mother, a daughter and another" – wie Sanda auf den Punkt bringt: „[A]nstatt dem heiligen Geist ist es einfach irgendeine [betont] andere". Stellvertretend für diese drei Instanzen müssen drei Tunten die zu taufende Tunte mit Sekt besprenkeln, den ihr zugeteilten Namen laut ausrufen und ihr drei, möglichst hämische Wünsche („in der Regel sind das so Sachen wie [...] Fußpilz"[439]) mit auf den Weg geben. Die Folge einer Tunten-Taufe ist nicht nur der Erhalt des eigenen Tunten-Namens, sondern auch der Eintritt in eine Familienlinie und die Bindung an die (taufende) Tunten-Mutter.[440] Zu der Ernsthaftigkeit und den Verpflichtungen einer derartigen Verbindung äußert Sanda:

> „[E]s gibt immer so Tunten-Mütter und so weiter und das kann [betont] ein kompletter Witz sein, muss aber nicht. Und für manche meiner Töchter zum Beispiel, meiner Kinder, versuche ich schon auch so ein bisschen auf die zu achten und so [...], dass die sich wohlfühlen und mal mit denen zu reden und so weiter, also man hat schon so eine gewisse Fürsorge vielleicht füreinander, weil man auch weiß wie es ist, neu in der Szene zu sein oder sich frisch geoutet zu haben oder einfach jung zu sein und erstmalig in die Szene zu treten oder sowas. Und da kann man dann vielleicht versuchen, Neuen zu helfen, weil man noch weiß, wie es für einen war [...]."[441]

Eine ihrer Töchter ist Ivana.[442] Diese berichtet von der Möglichkeit, über die Taufe in eine Waldschlösschen-Familienlinie aufgenommen zu werden:

> „Es gibt verschiedene Linien der Schlösschentunten und ... ich bin jetzt in der [...] Øniglich-übergalaktischen Linie und da sind ganz ganz viele andere Tunten und man weiß halt, okay, man ist halt irgendwie in der Familie von- von sehr hochkarätigen Leuten irgendwie, [...] also das ist schon nett

438 In der Regel beinhalten Tunten-Namen eine Form von Wortwitz, manchmal zusätzlich mit Bezug zu einem persönlichen Detail der Träger*innen oder einem übergreifenden Trend folgend. So standen in den 1980er Jahren viele Tunten-Namen in Berlin mit Lebensmitteln im Zusammenhang: Melitta Sundström, Pepsi Boston oder Ovo Maltine zählen zu den prominenteren Beispielen; vgl. Eisenhauer 2007, S. 102. Sanda Meer verdankt ihren Namen einerseits ihrem maritimen Hintergrund (zu dem Zeitpunkt ihrer Namensvergabe wohnte sie in Kiel), andererseits ist er eine Anspielung auf die Redewendung „die gibt's ja wie Sand am Meer"; Interview mit Sanda Meer vom 28.01.2019 (1), Z. 1537.

439 Ebd., Z. 1558.

440 Vgl. ebd., Z. 1552 ff.

441 Ebd., Z. 1708 ff.

442 Vgl. Interview mit Ivana Bendova vom 13.02.2019, Z. 242 ff.

zu wissen, okay, man gehört jetzt zu der Familie [...]. Und es ist irgendwie so ein Stammbaum und es ist sehr witzig."[443]

Die Tunten-Taufe ist folglich auch als Eintritt in die Tunten-Szene zu verstehen. Die Tunten-Mütter können die Funktion von Gatekeeperinnen und Mentorinnen übernehmen, die ihren Töchtern den Zugang zur Tunten-Community ermöglichen und erleichtern. Der Prozess der Aufnahme erinnert stark an die zunächst von Arnold van Gennep beobachteten und später von Victor Turner weiterentwickelten Überlegungen zu Übergangsriten.[444] Die bislang Außenstehenden werden durch die Taufzeremonie – als Initiationsritus – zu einem Teil der Familienlinie und somit zu einem Teil der sozialen Gemeinschaft und ihres Ordnungssystems.[445] Mit der Taufe geht eine Statuserhöhung einher.[446] Als legitimiertes Familienmitglied und in der Position der Tochter profitieren die frisch getauften Tunten von der nun greifenden Familienlogik – sie erhalten Unterstützung in ihrem Tun, finden Rückhalt und können aus den Erfahrungen, die die weiteren Mitglieder mit ihnen teilen, lernen. Durch die Aufnahme in die Linie erhalten sie Zugang zu (immateriellen) Ressourcen wie explizitem und implizitem Wissen und Erfahrungen sowie zu dem Gemeinschaftsgefüge. In diesem Sinne findet eine Aufwertung der eigenen Position satt, da die entsprechende Tunte nun einer spezifischen Gruppe zugehörig ist, gleichzeitig stärken die Initiationsriten das Gemeinschaftsgefühl im Kreis der *Schlösschentunten*. Letztendlich impliziert der Statuswechsel auch einen Abgrenzungsmechanismus zu jenen Tunten, die nicht Teil des Schlösschens sind – und stärkt somit die Identität der *Schlösschentunten*.[447]

Wirtschaften ist vor diesem Hintergrund, wie schon der Kulturanthropologe Michael Herzfeld mit Verweis auf Appadurais „politics of value"[448] formulierte, als Herausbildung von Werten innerhalb eines Ordnungssystems, in diesem Fall dem der *Schlösschentunten*, zu verstehen.[449] Es lässt sich das Prinzip der Reziprozität identifizieren, das Karl Polanyi neben dem reinen Markttausch als weitere Erscheinungsform wirtschaftlicher Gestaltung und basierend auf dem Modus des Tausches beschreibt. Darunter fasst er alle sozialen Austauschformen, die symmetrisch verlaufen und dem Gabe-Gegengabe-Prinzip folgend äquivalent ausfallen. Insbesondere fänden diese Austauschformen in (Gesellschafts-)Systemen statt, die auf Verwandtschaft beruhen. Innerhalb eines Verwandtschaftssystems sei grund-

443 Ebd., Z. 249 ff.

444 Vgl. van Gennep 1986, Turner 2006.

445 Vgl. van Gennep 1986, S. 70 ff. Zu den Ordnungsstrukturen von Verwandtschaftssystemen vgl. weiterhin Lévi-Strauss 1984; Weber-Kellermann 1996.

446 Vgl. Turner 2006, S. 162 f.

447 Vgl. Kaschuba 2012, S. 190.

448 Appadurai 1999 [1986], zit. n. Herzfeld 2006, S. 105.

449 Vgl. ebd., S. 105 f.

sätzlich festgelegt, welche Rolle für wen Sorge trägt – auch wenn dieses Prinzip nicht zwangsläufig in jeder Familie verfolgt wird. In diesem Falle ermöglichen die Tunten-Mütter ihren Töchtern den Zugang zu und die Nutzbarmachung von Ressourcen des Schlösschenkreises. Charakteristisch für diese Form der Austauschbeziehung sei das Ausbleiben von Gewinnstreben, die Abwesenheit des Prinzips von Arbeit gegen Entlohnung sowie des Prinzips des geringsten Aufwands. Weiterhin müsse die Erwiderung der Gabe nicht von dem*der Empfänger*in der vorherigen Gabe erfolgen. Vielmehr könne die Gegengabe auch zeitlich versetzt andere Empfänger*innen als die ursprünglichen Geber*innen adressieren.[450] Das erstmals von Polanyi formulierte Prinzip der Reziprozität wurde aufgrund von Zweifeln an der identifizierten Symmetrie der Austauschbeziehungen von dem US-amerikanischen Kulturanthropologen Marshall Sahlins weiterentwickelt. Dieser differenziert zwischen der generalisierten Reziprozität (nicht festgelegter Zeitpunkt der Gegengabe, z. B. Eltern-Kind-Austauschbeziehung), der balancierten Reziprozität (Äquivalenz der Gegengabe) und der negativen Reziprozität (unfreiwillige Gabe, z. B. durch Diebstahl). Insbesondere die generalisierte Reziprozität zeichnet sich durch ein altruistisches Geben aus, sodass die Formung sozialer Beziehungen durch die Tauschpraktiken das Ökonomische determiniert.[451] Mit der Aufnahme in die Familie der *Schlösschentunten* erhalten die Tunten einerseits ihre Mutter, andererseits erlaubt ihnen ihr neuerworbener Status zukünftig, Tunten zu taufen und damit selbst die Rolle der Mutter anzunehmen. Vor dem Prinzip der Reziprozität können sie so die einst selbst erhaltenen Ressourcen an ihre Töchter weitergeben.[452]

Auch das Erweisen von Freundschaftsdiensten – im Sinne der Reziprozität – zählt zu den Praktiken, die die Gemeinschaft zusammenhält. Insbesondere unter den *Schlösschentunten* hat sich die gegenseitige Vermittlung von Showauftritten als Freundschaftsdienst etabliert. So berichtet Sanda:

> „[W]enn die eine in ihrer Stadt irgendwie gerade eine Semesterparty mit Tunten-Show schmeißt oder sowas, und die einladen, dann versucht man da schon hinzugehen, wenn man sich das leisten kann. Oder oft ist es dann halt so, die sagen so: ‚Ey, wir können euch keine Gage zahlen aber von den Referatskosten oder vom Referatsbudget zahlen wir die Fahrtkosten', oder

450 Vgl. Seiser/Thalhammer 2017, S. 71 mit Verweis auf Polanyi 1978 [1944], S. 77 ff.

451 Vgl. Seiser/Thalhammer 2017, S. 73 mit Verweis auf Sahlins 1972, S. 188 ff.

452 Weiterhin ist es ihnen nun möglich, Töchter zu adoptieren und Ehen zwischen getauften Tunten einzugehen. Der zentrale Ordnungsrahmen – vom exakten Ablauf einer Taufzeremonie, den Adoptionsregeln, den Regeln zur Mutterschaft oder auch zur Eheschließung – ist im siebzehn Artikel umfassenden *Tunten-Gesetz* festgeschrieben; vgl. Informelles Gespräch mit Ivana Bendova vom 10.01.2019, Z. 35 ff.; HomoWiki 2016.

> sowas. Und dann ist so na klar auf jeden Fall, wenn ich Zeit habe, dann komme ich."[453]

Die *Schlösschentunten* unterstützen sich gegenseitig bei der Gestaltung der Showprogramme und ermöglichen ihren eigenen Auftritt ohne Vergütung, damit die Party ein Erfolg wird. Da in diesem Rahmen keine Mittel für Gagen zur Verfügung stehen, investieren sie gegebenenfalls sogar ihr Eigenkapital – Zeit und Geld. Somit stärken sie das Zusammengehörigkeitsgefühl der Gruppe. Doch nicht nur die auftretenden und eingeladenen Tunten verzichten auf ein Entgelt. Sanda berichtet von einer Partyreihe *#schangelig* im *SchwuZ*, die sie in einem Team mitorganisiert, das dafür von den Inhaber*innen eine kleine Vergütung erhält. Allerdings finden die Organisator*innen es nicht tragbar, den eigenen Lohn zu behalten, während ihre Gäste Zeit und Geld investieren, ohne dafür entlohnt zu werden. Daher werden die kleinen Löhne des Teams zu einem schmalen Budget subsummiert, um das leibliche Wohl („[...] und vielleicht noch ein paar Kisten Sekt"[454]) im Backstage-Bereich zu sichern.[455] Der Community-Gedanke steht im Vordergrund, denn es „ist meist so ein [...] Ding der Freundschaft irgendwie auch bei anderen Referaten [...] aufzutreten"[456] – kleine Honorare oder Budgets werden solidarisch geteilt.

Im Rahmen von Tunten-Shows im Kontext von beispielsweise Semesterpartys ist es so kaum möglich – aber auch nicht in erster Linie angestrebt – Geld zu verdienen. Ivana pointiert:

> „[A]lso ich verdiene damit kein Geld. Und viele andere Tunten auch nicht. Also die meisten, würde ich sagen. Weil das- außer du legst irgendwie als DJane irgendwo auf oder so aber so an sich mit diesen Shows, [...] das ist halt nichts, wo ich persönlich zum Beispiel Geld [...] verdiene."[457]

Der Gemeinschaftssinn ist den Tunten in diesem Zusammenhang folglich wichtiger als der ökonomische Gewinn. Dennoch ist es langfristig möglich, aus dem Zugang zu den immateriellen Ressourcen über die Mitgliedschaft des Netzwerkes in zukünftigen oder ausgelagerten Tätigkeiten ökonomisches Kapital zu generieren.[458]

---

453 Interview mit Sanda Meer vom 28.01.2019 (1), Z. 1148 ff.
454 Ebd., Z. 1172 f.
455 Vgl. ebd., Z. 1155 ff.
456 Interview mit Ivana Bendova vom 13.02.2019, Z. 349 ff.
457 Ebd., Z. 343 ff.
458 Zur Ökonomisierung immaterieller Ressourcen siehe Kapitel 4.4.

4.3.2 Wahlfamilie und Kompetitivität

Das Narrativ der Familie existiert nicht nur unter den *Schlösschentunten*. Auch außerhalb dieser Gruppe hat sich die Drag-Szene eine spezifische Form der Familienlogik innerhalb der Vergemeinschaftung geschaffen. So berichtet Gaby über ihre Anfänge in Kiel:

> „Und da hab ich relativ schnell dann auch einfach Menschen kennengelernt und ... einfach weil ich auch eine [Tunte] war. So. Weil ich auch ein Kleid angezogen hab und konnte- hab dann in Kiel schon angefangen, erste Veranstaltungen mitzuorganisieren, einfach weil, [...] ich war nicht irgendwer, sondern ich war halt Tunte. So. Ich habe eine gewisse Energie mitgebracht, ich habe einen gewissen Spaß auch mitgebracht, ich hab mich in die Öffentlichkeit gestellt, so weil's mir wichtig war, mich so zu zeigen. Und das war- war auch schon spannend, da wie [betont] ich Leute kennengelernt habe [...].“[459]

Und auch in Berlin – so betont Gaby – könne „eigentlich keiner [...] einen Alleingang machen“, denn dafür gäbe es zu viele Tunten und Drags, die ein Interesse daran hätten, „die neuen Leute unter ihre Fittiche zu nehmen“[460]. Wie die *Schlösschentunten* verweist auch Gaby auf den familiären Charakter, der die Berliner Drag-Szene kennzeichne:

> „[D]ass wir wirklich Family sind ... Hier klaut man nicht anderen Leuten die Jobs, hier klaut man nicht anderen Leuten die Shownummern, man versucht sich nicht besser zu machen als andere oder andere runterzuputzen, bloß damit man selber besser dasteht. Sondern man geht respektvoll miteinander um und man kennt sich eigentlich so einigermaßen gegenseitig. Und man hilft sich auch durchaus mal. Das hab ich- also so hab ich schminken gelernt.“[461]

Auch hier ermöglicht die Zugehörigkeit zu der Gruppe den Rückgriff auf das Wissen bereits erfahrenerer Drags und Tunten. Dies gilt laut Gaby vor allem für Tipps und Tricks in den Bereichen Make-up und Performance. Insbesondere bei den Bühnenauftritten verfügen Drags und Tunten im Gegensatz zu etwa Schauspieler*innen nicht über Regisseur*innen, die einen erfahrenen Blick von außen auf das Geschehen werfen und entsprechend Feedback geben. Sollte sie einen Fehler auf der Bühne machen und gegebenenfalls sogar wiederholen, sei sie darauf angewiesen,

---

459 Interview mit Gaby Tupper vom 29.01.2019, Z. 280 ff.
460 Ebd., Z. 560 u. Z. 561 f.
461 Ebd., Z. 445 ff.

ihn entweder selbst als Fehler zu erkennen und zu korrigieren „oder irgendjemand muss es als Fehler definieren und mir erzählen, wie man es besser machen kann“[462].

Ebendieser Aspekt der Vergemeinschaftung und der Zusammengehörigkeit ist für Gaby konstitutiver Bestandteil der Drag-Szene, denn es gilt: „Du bist keine Drag Queen, bloß weil du sagst, du bist eine Drag Queen“[463]. In Gabys Verständnis können sich Drags und Tunten folglich ausschließlich im Zusammenspiel mit der Anerkennung durch die Mitglieder der Drag-Szene (sprich: der Aufnahme in das Familiengefüge) als erfolgreiche Subjekte verstehen. Mit Blick auf ihr ehrenamtliches Engagement innerhalb der Community bezeichnet sie sich als „Community-Queen“[464].

Die Familienlogik birgt somit zwar das Potenzial zur Inklusion, gleichzeitig begünstigt diese Dynamik jedoch auch Mechanismen der Exklusion. Ohne die Zugehörigkeit zur Wahlfamilie und die Anerkennung durch diese ist es für Drags und Tunten schwer, in Berlin zu bestehen. Wer – so Gaby – als Neuankömmling keinerlei Interesse an den Ratschlägen und der Unterstützung erfahrener Drag-Szene-Mitglieder zeigt – sich folglich nicht in das Ordnungssystem integrieren möchte –, „der kommt in Berlin nicht so wirklich gut an“[465]. Sie berichtet in diesem Kontext von einer Drag, die wiederholt versuchte, in Berlin Fuß zu fassen, „aber die Berliner Szene macht ihr immer wieder klar: Mädel, vergiss es“[466]. Bei aller Betonung des familiären Charakters zeigt dieses Beispiel doch die Macht, welche die Gruppe als Kontrollinstanz des Wettbewerbs im Rahmen des kapitalistischen Wirtschaftssystems ausübt.[467] Es wird deutlich, dass diese Form der Kompetitivität durchaus eine Rolle spielt. Dies – so schreibt die Berliner Tunte Gérôme Castell in *Die Diva ist ein Mann* – läge in dem „kleinen Job-Markt“ begründet, durch den es zu „immer mehr [...] Stutenbissigkeiten [kommt], besonders unter den Neuen, die sich einen Namen machen wollen“[468]. Der häufige Gebrauch der Familien-Metapher scheint vor diesem Hintergrund insbesondere zwei Kernfunktionen zu implizieren: Das Ideal der Familienlogik beinhaltet gegenseitige Unterstützung und Loyalität. Es etabliert entsprechende Handlungsvorgaben, die Handlungssicherheit suggerieren. Die Etablierung der Familienlogik kann als Gegenentwurf zum Prinzip der Konkurrenz und des Wettbewerbs verstanden werden. Ein Teil der Gruppe zu sein, die Familienlogik zu akzeptieren und entsprechend zu handeln bietet dem Individuum mehr (auch monetarisierbare) Vorteile (etwa den Zugang zu Wissen, Unterstützung, Erfahrung, etc.), als wenn es außerhalb der Gemeinschaft mit anderen Individuen konkurriert.

---

462 Ebd., Z. 465 f.
463 Ebd., Z. 568.
464 Ebd., Z. 697.
465 Ebd., Z. 574.
466 Ebd., Z. 563 f.
467 Vgl. Tauschek 2013, S. 14, in Abgrenzung zu performativen Formen des Wettbewerbs.
468 Castell 2007, S. 138.

Das Familienkonzept erschafft folglich einen Schutzraum, der die Dynamik der Gemeinschaft reguliert. Zwar befinden sich die Mitglieder in der durch das Wettbewerbsprinzip geordneten Wirtschaftslogik des Kapitalismus, doch müssen sie nicht zwangsweise untereinander konkurrieren.[469] Das Ideal der Familienlogik schützt mit den einhergehenden Handlungsvorgaben („hier klaut man nicht anderen Leuten die Jobs"[470]) die Individuen in der szeneinternen Auseinandersetzung. Außerdem sorgt diese Art der Vergemeinschaftung für eine Form der Loyalität und ein Gefühl der Zugehörigkeit – denn letztlich bleibt auch „das schwarze Schaf der Familie […] immer noch ein Schaf in der Schaffamilie"[471].

Gleichzeitig stellt der auf diese Art konstruierte Schutzraum nicht nur eine Regulierung der internen Beziehungen dar, vielmehr zeigt sich in ihm auch eine Reaktion auf die Diskriminierung von Drags und Tunten von außerhalb – sowohl von Seiten der Gesamtgesellschaft als auch aus den eigenen LSBAT*I*Q-Reihen:

> „[E]s gibt eben auch das Familiending, wo man einander hilft und wo man füreinander da ist, eben weil [betont] die Außenwelt uns nicht versteht. … … So und weil wir uns gegen die anderen zusammenschließen müssen, weil da draußen sind die bösen, bösen Heteros oder auch die durchschnittlichen Schwulen, die uns erzählen wollen, dass das alles bäh ist und dass wir die schwule Sache kaputt machen, weil wir so sind, wie wir sind."[472]

Obgleich sich die Drag-Szene durch ihren ausgeprägten Gemeinschaftssinn auszuzeichnen scheint, muss doch Abstand von der Vorstellung einer alle Drags und Tunten Berlins einschließenden Großfamilie gewahrt werden. Sanda betont, dass die Berliner Drag-Szene teilweise sehr differenziert betrachtet werden müsse. Beispielsweise fiele eine Trennung zwischen den überwiegend deutschen Tunten und Drags aus dem Umfeld des *SchwuZ* und der internationalen Gruppe um das *Monster Ronson's*, die auch eine größere geschlechtliche Vielfalt aufweist, auf.[473]

4.4 Prestige

Nicht nur die Zugehörigkeit zu einem Netzwerk, sondern auch der Status, über den die Tunten und Drags innerhalb der Netzwerke verfügen, spielt für einige eine wichtige Rolle. Sanda hat diesbezüglich „abstrakte Absichten"[474], wie sie formuliert.

469 Vgl. Tauschek 2013, S. 17.
470 Interview mit Gaby Tupper vom 29.01.2019, Z. 445 f.
471 Ebd., Z. 583 f.
472 Ebd., Z. 626 ff.
473 Vgl. Interview mit Sanda Meer vom 28.01.2019 (1), Z. 988 ff.
474 Interview mit Sanda Meer vom 28.01.2019 (2), Z. 23.

Zukünftig könne sie sich gut vorstellen, eine „regelmäßige Party zu hosten“[475] und über ein gewisses Maß an Renommee zu verfügen: „Ruhm ist da viel zu viel gesagt, [...] einfach nur, dass [mein] Name ein Begriff ist“[476]. Mit ihrem Vokabular schließt Sanda an ein Konzept an, das der Architekt und Volkswirt Georg Franck als Ökonomie der Aufmerksamkeit bezeichnet.[477] Er entwirft das – durchaus kritisch diskutierte[478] – Konstrukt eines mentalen Kapitalismus (auch „Kapitalismus im Geist“[479]).

4.4.1 Vernetzung und Selbstvermarktung

Vor dem Hintergrund von Francks Definition der Kapitalsorten (Prestige, Reputation, Prominenz und Ruhm) ist das, was Sanda anstrebt, tatsächlich, wie von ihr schon angemerkt, nicht der Ruhm, sondern vielmehr Prestige mit der Option auf Reputation.[480] Vernetzung und Selbstvermarktung sind hier zwei Strategien, die die Chance auf das Entgegenbringen von Aufmerksamkeit erhöhen, denn Prestige wird etwa durch Leistung oder über Bekanntschaften erlangt, die zu weiteren prestigeträchtigen Menschen gepflegt werden – solange der jeweilige Gegenstand zum Gesprächsthema Dritter wird.[481]

Obgleich eine Vergütung nicht immer gewährleistet ist, bietet beispielsweise die Teilnahme an Shows Potenziale, die langfristig zu ökonomischem Erfolg im Rahmen des mentalen Kapitalismus führen könnten. So kann sich die vielversprechende Möglichkeit eröffnen, neue Kontakte zu knüpfen und das eigene Netzwerk zu erweitern. Den Vorteil des Netzwerkens hat auch Sanda für sich entdeckt – zunächst vor allem, um in die Berliner Drag-Szene einzusteigen:

> „Ich hab mich ein paar Leuten vorstellen lassen am Anfang, ich habe um ein paar bestimmte Sachen gefragt, mal dieses oder jenes machen zu können. Also ein guter Weg, um viele Leute auch kennenzulernen oder dass Leute einen kennenlernen sozusagen- also ich sag mal jetzt sozusagen, dass das die regulären [betont] Partybesucher, das klingt jetzt so abfällig, aber die nicht Drag sind, sondern die ganz [...], in Anführungsstrichen, ‚normalen‘ Leute, die ins SchwuZ gehen, dass die einen kennen.“[482]

---

475 Ebd., Z. 19 f.
476 Ebd., Z. 25 f.
477 Vgl. Franck 1998.
478 Zur Kritik vgl. Bernardy 2014, S. 6 f.
479 Franck 1998, S. 118.
480 Vgl. Franck 1998, S. 118 f.
481 Vgl. ebd., S. 120.
482 Interview mit Sanda Meer vom 28.01.2019 (1), Z. 1267 ff.

Dass „die ‚normalen' Leute“[483] Sanda kennen, sorgt für den Grundstein ihres Prestiges, im Rahmen dessen ihr Beachtung – unter anderem durch ihr auffälliges Erscheinungsbild als Tunte – entgegengebracht wird. Um diesen Status weiter auszubauen, bemühte sie sich um einen speziellen Nebenjob. Wenn das *SchwuZ* Partys veranstaltet, richten die Veranstalter*innen zwischen der Kasse und den Garderoben einen Stand ein, an dem alle Eintreffenden einen Gratisschnaps zur Begrüßung erhalten. Sanda ist Teil des Teams, das den Stand im Schichtsystem betreut:

> „Und dafür kriegt man auch Geld, insofern ist es für mich auch cool, das zu machen, weil ich krieg dafür einen Fuffi, dass ich da zwei Stunden lang Schnäpse austeile, und gleichzeitig lernt man die Leute kennen, die Leute kennen einen und natürlich kommen auch die ganzen anderen Tunten und Drag Queens und so weiter dann nach vorne und man quatscht und das ist halt cool einfach. Und um sowas zu machen, ja, da muss man sich am Anfang schon so ein bisschen selber vermarkten, indem man versucht so ein paar Leute kennenzulernen und so weiter, dass man überhaupt mal in eine Position kommt, in der es realistisch ist zu fragen, sozusagen. Ist jetzt auch nicht so hochschwellig, [...] aber ... die Warteschlange sozusagen das zu machen ist auch lang, sage ich mal. Und das ist halt cool und darüber lernt man Leute kennen und wenn man solche Sachen macht, dann hält man sich auch zum Beispiel am Anfang und am Ende des Abends auch länger im Backstage auf, wo man auch viele interessante Leute kennenlernt und so weiter und das ist auf jeden Fall cool.“[484]

Vor dem Hintergrund von Sandas Ziel, als Tunte „ein gewisses Standing in Berlin zu erreichen“[485], lassen sich hier Momente strategischen Handelns erkennen. Durch die prominente Position am Schnapsstand der Party wird Sanda zu einem zentralen Element der Veranstaltung. Sie ist besonders sichtbar und erhält die Möglichkeit, innerhalb ihrer Schicht die Besucher*innen persönlich kennenzulernen und so Kontakte zu knüpfen. Gleichzeitig suggeriert ihre „Indienstnahme“ am Schnapsstand den Besucher*innen ihren „internen“ Status bei den Veranstalter*innen – sie ist als Teil des Teams markiert und wird entsprechend wahrgenommen. Durch die Beliebtheit des Jobs und die Existenz zahlreicher Mitbewerber*innen um die Position wird Sandas erfolgreiche Bewerbung von Szenemitgliedern, die Kenntnis von der Kompetitivität rund um den Job haben, entsprechend wahrgenommen und *beachtet*. Unter den Besucher*innen sind auch Drags und Tunten, die ihrerseits möglicherweise über Prestige oder Reputation, zumindest jedoch über weitere Kontakte verfügen. In

---

483 Ebd., Z. 1272.
484 Ebd., Z. 1276 ff.
485 Ebd., Z. 1214.

Bezug auf die Wertigkeit der Ressource Aufmerksamkeit ist es nach Franck relevant, *wer* die Aufmerksamkeit gibt und wie es um das Kapital des Gebenden bestellt ist. So zähle die Beachtung durch Gebende, denen selbst viel Beachtung entgegengebracht würde, mehr als die Beachtung durch Gebende, die in dieser Hinsicht unberücksichtigt blieben.[486] Die Beachtung, die Sanda durch bereits bekannte Drags und Tunten erfährt, ist nach Franck folglich gewichtiger als die Beachtung der oben erwähnten „‚normalen' Leute"[487].

Neben der präsenten Positionierung am Schnapsstand und den sich dort ergebenden Möglichkeiten des Netzwerkens erhält Sanda durch ihre Tätigkeit zudem Zugang zum Backstage-Bereich, der ebenfalls ein zentraler Ort ist, um Menschen kennenzulernen, sich vorzustellen und das eigene Netzwerk zu vergrößern. Was schon Esther Newton 1972 für die amerikanische Drag-Szene feststellte, gilt (mit Ausnahme der dort als mangelnd empfundenen Solidarität[488]) auch heute noch insbesondere hinsichtlich des Backstage-Bereichs als relevante Netzwerkzentrale:

> „Whenever there is a group (more than one man) drag show, the backstage area tends to be an important social institution for impersonators all over the city, and also for the many impersonators who are just traveling through or looking for work. There is no solidarity, but there is social interaction and a great deal of shared knowledge and consciousness."[489]

Weiterhin ist die Anwesenheit im Backstage-Bereich nur einem ausgewählten Kreis möglich. Der Zugang zu diesen Räumen und somit zu der Möglichkeit, die „wichtigsten" (weil prestigeträchtigsten) Personen des Abends kennenzulernen, ist einigen wenigen Personen vorbehalten und muss in der Regel durch gewisse Leistungen – wie etwa Sandas Einsatz am Schnapsstand – verdient werden. Menschen, die zum Eintritt in den Backstage-Bereich legitimiert sind, bilden somit eine kleine „elitäre" Gruppe, die über mehr Rechte verfügt, als die anderen Besucher*innen der Veranstaltung. So ist es für Sanda vor dem Hintergrund ihrer Absicht, sich eine gewisse Reputation zu erarbeiten, sinnvoll, sich in einem Kreis von Menschen zu bewegen, die ihrerseits über Reputation verfügen. Die monetäre Vergütung, die Sanda für ihre Schicht erhält, scheint ihr als positiver Nebeneffekt zu genügen. Sie sieht den klaren Vorteil dieser Position in der Eröffnung von Netzwerk-Chancen und dem Zugang zum inneren Kreis.

Die Integration Sandas in das Schichtsystem des Standes ist bereits ein Ergebnis ihres erfolgreichen Netzwerkens. Vermittelt hat dies eine ihrer Freundinnen, die

---

486 Vgl. Franck 1998, S. 116.

487 Interview mit Sanda Meer vom 28.01.2019 (1), Z. 1272.

488 Wie gezeigt spielt Solidarität für viele der im Rahmen dieser Arbeit befragten Interviewpartner*innen eine wichtige Rolle innerhalb der deutschen Drag-Szene.

489 Newton 1972, S. 112.

im *SchwuZ* arbeitet und aufgrund ihrer Position dort eine Besetzung der Stelle mit Sanda anregen konnte. Der Freundschaftsdienst ermöglichte ihr ihre erste Schicht, bei der sie letztendlich so überzeugend gewesen sei, dass sie nun regelmäßig angefragt würde.[490] Ihre Freundin war folglich in der Gatekeeperin-Funktion ihre Kontaktperson, die Sanda gegenüber den Organisator*innen legitimiert und ihr somit den Einstieg vermittelt hat.

Ein weiterer Schritt, den Sanda bewusst geht, um ihr Netzwerk und somit auch ihre Chance auf Prestige zu vergrößern, ist das Auftreten bei Shows außerhalb des ihr bekannten Zirkels der *Schlösschentunten* und des *SchwuZ*. Zum Zeitpunkt des Interviews steckte sie in den letzten Vorbereitungen für einen am folgenden Tag geplanten Auftritt in einer Drag-Show der Veranstaltungsreihe *PokeHouse* im *Monster Ronson's*.[491] Ihre Bemühungen, sich einen Auftritt innerhalb der wöchentlich stattfindenden Show zu sichern und diesen in Kreisen zu absolvieren, in denen sie maximal flüchtige Bekanntschaften pflegt, gehörten dazu, sofern ein Bestreben bestünde, das eigene Netzwerk zu erweitern und somit auch den eigenen Bekanntheitsgrad zu steigern[492]. Dies sei wiederum nötig, um die Chancen auf weitere Jobangebote oder Showauftritte zu erhöhen.[493] Es scheint das Prinzip einer prozesshaften Aufmerksamkeitsspirale zu greifen, denn Buchungsanfragen richten sich an Menschen, die als so kompetent eingeschätzt werden, dass sie der mit der Anfrage verbundenen Aufgabe – etwa einem Showauftritt – gewachsen sind. Um als kompetent wahrgenommen zu werden, ist es fundamental, innerhalb der Drag-Szene anerkannt zu sein.[494] Anerkennung lässt sich jedoch nur über Sichtbarkeit generieren, die insbesondere bei Auftritten besonders hoch ist. Insofern scheint sich Sanda durch ihre Bemühungen innerhalb der Aufmerksamkeitsspirale emporzuarbeiten, um ihrem Ziel der Reputation Stück für Stück näher zu kommen.

Ein zentrales Element ist hierbei der Wiedererkennungswert, der bei der Herstellung von Kontakten nützlich ist. Dies betont Gaby hinsichtlich ihrer Bemühungen um die Erweiterung ihres Netzwerkes:

> „[W]enn ich auf eine Filmparty eingeladen bin, denn bin ich natürlich als Gaby Tupper auf die Filmparty eingeladen und dann geh ich natürlich auch als Gaby Tupper hin. Weil ich natürlich so auch nochmal auffälliger bin und so nochmal mehr Leute kennenlerne und da hab ich tolle Leute

490 Vgl. Gesprächsdokumentation zu Sanda Meer am 28.01.2019, Z. 147 ff.
491 Vgl. Teilnehmende Beobachtung vom 29.01.2019.
492 Vgl. Interview mit Sanda Meer vom 28.01.2019 (1), Z. 1217 ff.
493 Vgl. ebd., Z. 1281 ff.
494 Vgl. Franck 2014, S. 161.

im letzten Jahr kennengelernt. Die Kontakte wären mir sonst verschlossen geblieben."[495]

Es ist bisher deutlich geworden, dass Anerkennung von den Tunten und Drags erarbeitet werden muss und dass Reputation insbesondere aus der entgegengebrachten Anerkennung von Menschen resultiert, die selbst über Reputation verfügen.[496] So blickt Gaby fast stolz – so scheint es – auf das Verhältnis, in dem sie heute zu einem norddeutschen Sänger und Schauspieler steht, der in ihrer Kieler Zeit zu ihren Idolen zählte:

> „[I]ch würde jetzt nicht sagen, dass ich zu [ihm] eine Freundschaft pflege, aber wir kennen uns und [er] weiß, wer ich bin und [er] weiß, dass ich aus Kiel komme und freut sich immer sehr, wenn ich ihn dann unbekannterweise mal von meinen Eltern grüße, und wir quatschen immer mal ein bisschen [...]."[497]

Idole, so Franck, würden nicht ausschließlich deshalb

> „angehimmelt, weil die Leute Lust am Anhimmeln hätten, sondern weil sie sehen und lernen möchten, wie man es macht, zu glänzen. Idole werden nicht aus Versehen zu Vorbildern. Sie werden Vorbilder, indem sie vormachen, wie man die Blicke auf sich zieht."[498]

Die Beachtung, die Gaby von dem Sänger entgegengebracht wird, der schon in ihrer Jugendzeit über Reputation, wenn nicht gar Prominenz verfügte, markiert ihre eigene Reputation. Ihre heutige Beziehung zu ihm bestätigt ihre erfolgreiche Akkumulation der Ressource Aufmerksamkeit. Nun ist er nicht mehr ein Idol, von dem sie lernen könne „zu glänzen"[499]; vielmehr sind sie nun in der Position, ihre Reputationen wechselseitig zu stärken.

Insgesamt verweisen die Erzählungen über Praktiken des Netzwerkens und der Selbstvermarktung erneut auf den kompetitiven Charakter der Drag-Szene. In der Lesart des mentalen Kapitalismus konkurrieren die Tunten und Drags nicht nur um Jobs und Auftritte, sondern auch um die knappe Ressource Aufmerksamkeit. Die Praktiken des Netzwerkens und der Selbstvermarktung helfen folglich dabei, sich im Sinne des mentalen Kapitalismus (der Ökonomie der Aufmerksamkeit) durch eigene Leistung hervorzutun und somit Aufmerksamkeit zu generieren, was die Akkumulation von Prestige ermöglichen kann. Letztendlich ist die Ressource Auf-

495 Interview mit Gaby Tupper vom 29.01.2019, Z. 701 ff.
496 Vgl. Franck 1998, S. 116.
497 Interview mit Gaby Tupper vom 29.01.2019, Z. 295 ff.
498 Franck 1998, S. 169.
499 Ebd.

merksamkeit zwar als Parallelwährung zu der Kapitalform Geld zu verstehen, doch erweist sie sich – etwa, wenn sich aufgrund eines hohen Bekanntheitsgrades Buchungsanfragen ergeben – auch als monetarisierbar.

4.4.2 Titel und Preise

Ein spezifischer Weg, die umkämpfte Aufmerksamkeit sichtbar auszudrücken, ist die Verleihung von Preisen. Insbesondere während der Treffen der *Schlösschentunten* hat sich ein internes Preis-System etabliert, das mit einem unterschiedlichen Maß an Ernsthaftigkeit aufrechterhalten wird. So werden der *Stilpreis*, der *Schangeligste Nummer-Preis* oder auch der *Jungtunte-Preis* regelmäßig an auserkorene Tunten vergeben, „um [den] Leuten so ein bisschen Wertschätzung auch zu geben und zu zeigen, das ist cool, was du tust“ [500]. Die Preise sind Ausdruck von entgegengebrachter Aufmerksamkeit und Anerkennung gleichermaßen. Zwar ist der Preis an Leistung gebunden, jedoch wird dabei nicht ausschließlich nach Qualitätskriterien im Sinne von Perfektion bewertet. Vielmehr ist es ebenso möglich, den Preis der *Untunte* zu erhalten, mit dem nur „die ranzigsten, abgestürztesten, schangeligsten und heruntergewirtschaftesten Tunten“[501] ausgezeichnet werden. Es handelt sich zwar um einen Schmähpreis, doch ist damit keinesfalls Abwertung verbunden. Die Vergabe dieses Preises verdeutlicht den gegenseitigen Respekt, die Toleranz und das Wohlwollen gegenüber jeglichen Erscheinungsformen der Tunten. Ein Kriterium zur Vergabe ist etwa das wiederholte Provozieren des Ausrufs: „Wir werden in der Loge des Lebens nicht mehr froh. Die Folter dauert ewig, von Show zu Show zu Show“[502]. Dieser Ausruf erfolgt seitens der anwesenden Tunten, sobald einer Tunte ein Missgeschick passiert und sie sich „in irgendeiner Form lächerlich macht“[503] – beispielsweise durch die Zerstörung eines Sektglases. Derselbe Spruch kommt auch während Tunten-Shows im Kreise der *Schlösschentunten* zum Einsatz, sobald sich auf der Bühne Verzögerungen beispielsweise durch technische Probleme oder Fehlleistungen der Tunten ergeben.[504] Auf den ersten Blick erscheint diese Reaktion gehässig und bloßstellend, allerdings wird damit gleichzeitig ein Wohlwollen zum Ausdruck gebracht, mit dem die Leistung und der Mut der Agierenden anerkannt werden. So Sanda:

---

500 Interview mit Ivana Bendova vom 13.02.2019, Z. 682 ff.

501 HomoWiki 2012a.

502 HomoWiki 2012b. Angelehnt ist dieses Ritual an die Puppen- und Comedy-Serie *Muppet Show*, in der zwei Charaktere in der Loge sitzen und das Geschehen gehässig kommentieren; vgl. HomoWiki 2012b.

503 Ebd.

504 Vgl. Interview mit Ivana Bendova vom 13.02.2019, Z. 772 ff.

> „Es gibt ab und zu bei Shows, wenn's einen besonders schlimmen Beitrag gibt, dann wird der besonders honoriert, indem man irgendwie einen Preis dafür bekommt, […] und das ist dann auch so wieder ein bisschen garstig. So: ‚Ja, es war schon auch schrecklich, aber das ist schon auch gut. Also gut, dass du dich getraut hast, hier hast du einen Preis.'"

Für die Generierung von Aufmerksamkeit ist es zwingend notwendig, anderen aufzufallen – ob durch besonders beeindruckende Leistungen oder Missgeschicke ist für die Qualität der aufgrund dessen entgegengebrachten Beachtung irrelevant.[505]

Ivana ist Trägerin des Preises für die schangeligste Nummer für einen Auftritt, den sie bei ihrer ersten Schlösschenteilnahme absolvierte. Während ihrer Nummer (Titel: *Tuntisches Rasieren*) performte sie auf der Bühne zu dem Song *Venus* der niederländischen Band *Shocking Blue*, die auch aus der *Gillette Venus*-Werbung für Rasierer bekannt ist. Während der Song im Hintergrund abspielt, schäumt Ivana sich mit Rasierschaum ein und rasiert sich – und manchmal auch Anwesende im Publikum.[506] Gleich mit ihrer ersten Nummer gelang es Ivana, ihren Wiedererkennungswert immens zu steigern. So avancierte diese schnell zu ihrer „Signature-Nummer"[507]:

> „Also unter der Nummer kennt man mich irgendwie – irgendwie auch in den Schlösschenkreisen und das ist dann: ‚Ah, du bist die, die sich auf der Bühne rasiert hat' und hier und da, also ziemlich witzig."[508]

Bei den Preisen, die während der Waldschlösschentreffen vergeben werden, überwiegt der immaterielle Wert. Die Trophäen selbst haben rein symbolischen Charakter – es werden keine hochpreisigen Pokale oder Medaillen vergeben, vielmehr handelt es sich in den meisten Fällen um „irgendwas Selbstgebasteltes"[509]. Sie stellen ein symbolisches Zeichen für die Anerkennung und Wertschätzung von Leistung – und insbesondere auch der entgegengebrachten Aufmerksamkeit – dar. Das Preisvergaben stets inhärente Moment der Kompetitivität wurde in den Interviews in diesem Zusammenhang nicht im Besonderen hervorgehoben. Es scheint sich vielmehr um solidarische Formen der Kompetitivität zu handeln.[510]

Dies ändert sich in dem Moment, in welchem Wettbewerbe in der Drag-Szene außerhalb des Schlösschenkreises öffentlich sichtbar ausgetragen werden und es

505 Vgl. Franck 1998, S. 120.

506 Vgl. Interview mit Ivana Bendova vom 13.02.2019, Z. 216 ff. Auch in dieser Performance zeigt sich der gesellschaftskritische Ansatz, indem die hegemoniale Norm des Rasierens als Ausdruck des weiblichen Schönheitsideals parodierend aufgegriffen wird.

507 Ebd., Z. 216.

508 Ebd., Z. 225 ff.

509 Interview mit Sanda Meer vom 28.01.2019 (1), Z. 1870.

510 Vgl. Tauschek 2013, S. 17.

öffentliche, nicht ausschließlich szeneinterne Aufmerksamkeit zu gewinnen gilt. Diese performativen (teils institutionalisierten) Praktiken des Wettbewerbs sind nach Markus Tauschek von dem im kapitalistischen Wirtschaftssystem herrschenden Modus des Wettbewerbs als ökonomisches Prinzip abzugrenzen – auch wenn die performativen Wettbewerbe in das Gesamtsystem Kapitalismus eingebunden sind.[511]

Zu diesen Formen performativen Wettbewerbs zählt beispielsweise das Format des *Pumpsrace* – ein Wettlauf auf High Heels. Sanda und ihre Mitbewohnerin verfügen in ihrer Wohngemeinschaft über einen von ihnen erschaffenen „Tunten-Altar"[512], auf dem neben einer Sammlung von Erinnerungsstücken wie Postkarten, glitzernden Ketten, Regenbogenfahnen und Perücken auch Preise ausgestellt werden.[513] Unter ihnen befindet sich eine *Pumpsrace*-Trophäe von einem zurückliegenden *CSD* in München, die aus einem auf einem Sockel drapierten High Heel besteht und von Sandas Mitbewohnerin gewonnen wurde. Mit diesem Preis – so Sanda – sei verglichen mit den Schlösschenpreisen eine größere Leistung verbunden, denn um ihn zu gewinnen „musste man wirklich als erstes durch Ziel laufen in Stöckeln"[514].

Der symbolische Wert dieses Gewinns – unter anderem der damit einhergehende Prestigegewinn – wird durch die Ausstellung der Trophäe im Rahmen des Tunten-Altars in besonderer Form betont und für alle Besucher*innen der Wohnung sichtbar nach außen getragen.

Auch die Ausstellung der empfangenen Postkarten und allerlei Gegenstände, die die Mitbewohnerinnen von Dritten geschenkt bekamen, sind Ausdruck der ihnen entgegengebrachten Aufmerksamkeit in ihrer Rolle als Tunten.[515]

Performativer Wettbewerb existiert innerhalb der Drag-Szene jedoch auch mit durchaus kompetitiv geprägten Zügen. So berichtet Gaby von ihrer fünfmaligen Teilnahme an der Wahl zur *MISS*ter CSD Berlin*, die seit 1991 ausgetragen wird. Die Ausschreibung der Veranstalter*innen verkündet:

> „Eine Wahl, die jährlich für Überraschungen sorgt und in keine Schublade passt, denn gesucht wird kein äußeres Schönheitsideal, sondern eine Person mit Charakter, politischer Meinung, Charisma, Charme, Tatendrang und Überzeugungskraft. Kurz: eine PERSÖNLICHKEIT! Geschlecht, sexueller [sic] Präferenz, Alter, Herkunft oder ähnliches sind dabei nicht von Belang. Ob reife Transfrau in den Mittfünfzigern oder junge Glamourtranse, forsche Polit-Tunte oder beschwichtigender Drag-King, Lesbe im pin-

511 Vgl. ebd., S. 14.
512 Interview mit Sanda Meer am 28.01.2019 (1), Z. 1822.
513 Vgl. Gesprächsdokumentation zu Sanda Meer am 28.01.2019, Z. 106 ff.
514 Interview mit Sanda Meer vom 28.01.2019 (1), Z. 1859 f.
515 Vgl. ebd., Z. 1822 f.

> ken Fummel oder charmante DamendarstellerimitatorIn: der Blick in die Vergangenheit zeigt, ein echtes Muster gibt es nicht. Die Community wählt sich für das anstehende Jahr eine entsprechend auf die aktuellen Entwicklungen passende Persönlichkeit als Repräsentanz."[516]

Am 28.04.2018 wurde Gaby schließlich zur Siegerin gekürt – und somit zur Repräsentantin der Community[517]. Die Wahlstruktur der *MISS*ter CSD Berlin*-Wahl entspricht dem Format der klassischen Misswahl und ist meist in Vorentscheid und Finale aufgeteilt. Im Finale der Wahl 2018 mussten die Titelanwärter*innen ihren gesamten Leistungskatalog abrufen: So mussten sie unter anderem eine Shownummer präsentieren, sich in einer Interview-Runde persönlich vorstellen, im Rahmen einer Meinungsrunde Stellung zu Themen der queeren politischen Geschichte beziehen und während einer Spontan-Vollplayback-Verkaufsshow[518] in Zweierteams ihre Spontanität und ihren Unterhaltungswert beweisen.[519] An der Entscheidung über den Sieg sind letztlich sowohl das Publikum als auch eine Jury – besetzt „mit Leuten aus der gesamten queeren Community Berlins"[520] – beteiligt.[521] Als *MISS*ter CSD Berlin* müssen die Anwärter*innen sich „selber [...] natürlich verkaufen [...] und vor allen Dingen auch für [ihre] [politische] Meinung stehen"[522]. Über die Teilnahme und den Gewinn der *MISS*ter*-Wahl war es Gaby möglich, ein hohes Maß der Ressource Aufmerksamkeit zu akkumulieren und ihr Prestige zu steigern.

In seiner Auseinandersetzung mit den Kapitalsorten Prestige, Reputation, Prominenz und Ruhm betont Franck die Abgrenzung zu den konzeptuellen Überlegungen des Soziologen Pierre Bourdieu. Während Bourdieus symbolisches Kapital „lediglich *kapitalartige* Züge"[523] trage, stelle der Bekanntheitsgrad einer Person ein tatsächliches Kapital dar. In dessen Fähigkeit, sich in ausreichend akkumulierter Form selbstständig und leistungsfrei zu verzinsen (in dem Sinne, dass Träger*innen

---

516 Pride Festival 2018, Herv. i. Orig. Das *Pride Festival* stellt das Rahmenprogramm rund um den *Christopher Street Day Berlin.*

517 Vgl. Interview mit Gaby Tupper vom 29.01.2019, Z. 757 ff.

518 Der Ablauf dieses Programmpunktes sieht vor, dass Kandidat*in A des Zweierteams vorn auf der Bühne steht und einen beliebigen Gegenstand erhält (etwa eine Rolle Küchenpapier). Kandidat*in B steht mit einem Mikrofon ausgestattet hinter der Bühne und weiß nicht, um welchen Gegenstand es sich handelt, muss den Artikel jedoch wie im amerikanischen Verkaufsfernsehen bewerben. Kandidat*in A auf der Bühne wiederum soll nun lippensynchron und gestenreich den Gegenstand in der eigenen Hand entsprechend dem Verkaufstext von Kandidat*in B anpreisen; vgl. Interview mit Gaby Tupper vom 29.01.2019, Z. 811 ff.

519 Vgl. ebd., Z. 797 ff. u. Z. 828 ff.

520 Ebd., Z. 849 f.

521 Zu den Bewertungskriterien zählt das politische Bewusstsein ebenso wie das Outfit oder der Ausdruck der Kandidat*innen; vgl. ebd., Z. 847 ff.

522 Ebd., Z. 831 ff.

523 Franck 1998, S. 120, Herv. i. Orig.

allein aus dem Grund Beachtung entgegengebracht werde, dass sie im öffentlichen Bewusstsein bekannt sind) würde es die Leistung des symbolischen Kapitals übertreffen.[524]

Doch in der Logik des materiellen Kapitalismus und im Bourdieu'schen Sinne fördern erfolgreiche Praktiken des Netzwerkens und der Selbstvermarktung nicht nur die Akkumulation symbolischen Kapitals, sondern auch den Erwerb von kulturellem und sozialem Kapital.[525] Und diese können, ebenso wie die Ressource Aufmerksamkeit, zu einem späteren Zeitpunkt in ökonomisches Kapital (sprich: Geld) konvertiert werden.[526] So resümiert Gaby hinsichtlich ihres Teilnahmeprozesses und des anschließenden Gewinns der *MISS*ter*-Wahl:

> „[I]ch möchte die fünf Jahre nicht missen, weil mich das auch [...] in meiner künstlerischen Arbeit, aber natürlich auch menschlich weitergebracht hat, weil ich ganz viele Leute kennenlernen konnte, Kontakte knüpfen konnte, auf denen ich jetzt aufbauen konnte, als Miss CSD. Also die vielen Aktionen im Sommer, zu denen ich eingeladen war, die resultieren halt auch aus den letzten fünf Jahren, wo ich an mir gearbeitet hab und an dem, was ich als Künstlerin, aber auch für die Community will [...].“[527]

Der Sieg habe ihr „nochmal einen anderen Stellenwert“[528] in der Berliner Community eingebracht. Anerkennung durch die Community erhalte sie insbesondere für ihr mit ihrem Wahlerfolg bewiesenes Durchhaltevermögen, ihr mit Ernsthaftigkeit geführtes ehrenamtliches Engagement sowie ihr politisches Bewusstsein und die Achtsamkeit, mit der sie etwa Sexismus begegne.[529] Dies scheint ihr aufgrund ihres hohen Vermögens kulturellen Kapitals möglich.[530] Weiterhin bestätigt der Sieg ihr erfolgreiches Tun nicht nur vor der Community – vielmehr dient er Gaby auch als Selbstbestätigung für eine gelungene Identitätsarbeit: „Die Erfahrungen und die

524 Vgl. ebd., S. 114 u. S. 120. Bernardy bringt Francks Kapitalprinzip in Verbindung mit Michel Foucaults Disziplinargesellschaft. Er versteht die Franck'schen Kapitalsorten als „positiven Bewertungs- und Überwachungsrahmen“ und somit als zentrale Treiber der Effizienzsteigerung innerhalb der neoliberalen Leistungsgesellschaft; Bernardy 2014, S. 90.

525 Vgl. Bourdieu 1983, S. 183 ff.

526 Der folgende Argumentationsstrang orientiert sich an den Grundgedanken der Kapitaltheorie; vgl. Bourdieu 1983. Rückschlüsse von dem Volumen und der Verteilungsstruktur des Kapitals auf die jeweilige Position eines Individuums im sozialen Raum – wie von Bourdieu vorgesehen – werden an dieser Stelle ausdrücklich nicht gezogen. Die ebenfalls von ihm erarbeitete und mit der Kapitaltheorie in reziprokem Verhältnis stehende Habitus- sowie Feld- und Klassentheorie finden hier daher keine Berücksichtigung.

527 Interview mit Gaby Tupper vom 29.01.2019, Z. 774 ff.

528 Ebd., Z. 785 f.

529 Vgl. ebd., Z. 780 ff.

530 Vgl. Bourdieu 1983, S. 186 ff.

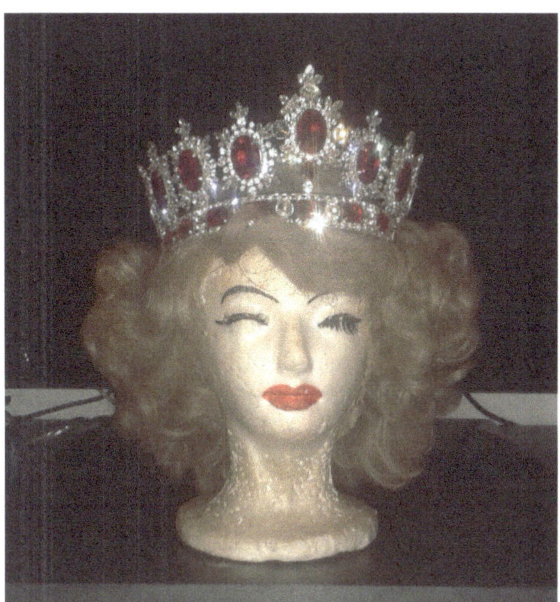

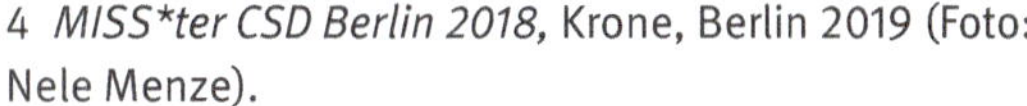

4 *MISS*ter CSD Berlin 2018,* Krone, Berlin 2019 (Foto: Nele Menze).

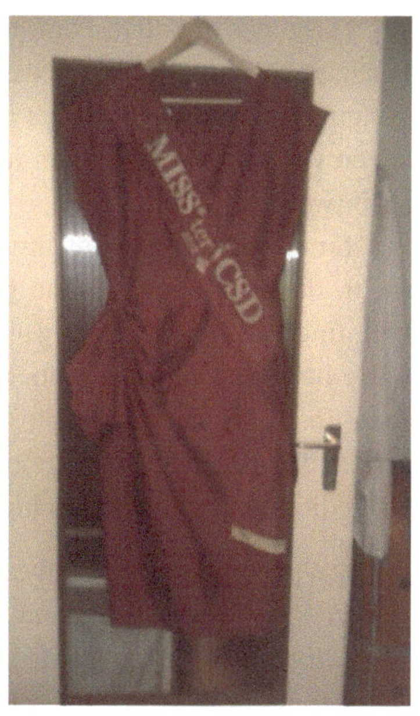

5 *MISS*ter CSD Berlin 2018*, Schärpe, Berlin 2019 (Foto: Nele Menze).

Anerkennung", so Gaby, „kann mir keiner nehmen und das ist für mich auch in Geld nicht aufzuwiegen"[531].

Als gewählte Repräsentantin der Community verfügt Gaby nun über das Sozialkapital der ganzen Gruppe.[532] Dieses ist nicht auf das ökonomische und kulturelle Kapital einer einzelnen Person reduziert, sondern ergibt sich aus der Qualität und Quantität des Beziehungsnetzes sowie dem Kapitalvolumen der Mitglieder.[533] Durch das Sammeln von Erfahrungen und die damit einhergehenden Lernprozesse weist sie ein größeres Maß an kulturellem Kapital auf als vor fünf Jahren. Ihr Titelsieg steigert ihr Prestige und somit ihre Reputation – das symbolische Kapital. Traditionell zählt es zu den Aufgaben der*des amtierenden *MISS*ter CSD Berlin,* gemeinsam mit der*dem regierenden Bürgermeister*in Berlins den *CSD* zu eröffnen und sie*ihn auf zahlreichen folgenden Veranstaltungen – etwa beim *CSD auf der Spree* – zu repräsentieren.[534] Somit ist es dem*der Sieger*in ein Jahr lang möglich, „dem *CSD* seinen ganz eigenen Stempel aufzudrücken"[535].

531 Interview mit Gaby Tupper vom 29.01.2019, Z. 869 ff.
532 Vgl. Bourdieu 1983, S. 194.
533 Vgl. ebd., S. 191 ff.
534 Vgl. Pride Festival 2018.
535 Ebd.

Diese performative Form des Wettbewerbs führt zu Auswirkungen auf Gabys Partizipation innerhalb des Wettbewerbsprinzips des kapitalistischen Wirtschaftssystems. So verbessert Gabys *MISS*ter*-Wahl-Sieg ihre Position auch im ökonomischen Wettbewerbsgefüge, in welchem sie als gekürte Miss über einen gesteigerten Marktwert verfügt.[536]

Einen monetären Gewinn erhalten die Sieger*innen des Wettbewerbs zwar nicht, doch werden der*dem gekürten *MISS*ter CSD Berlin* als Symbol der Anerkennung und Wertschätzung eine Krone und eine Schärpe überreicht – beides trägt Gaby bei entsprechend gebuchten repräsentativen Veranstaltungen.[537] Nach ihrer Amtsübergabe verbleiben die Gewinnobjekte in ihrem Besitz.[538] Vor dem Hintergrund, dass sie in der Vorbereitungsphase viel Zeit und Geld investiert hat, bewertet Gaby diesen Schritt als gerechte Aufwandsentschädigung:

> „[W]enn man schon sich ein Jahr lang den Arsch aufreißt und eigenes Geld investiert, denn soll man wenigstens ein bisschen mehr davon haben, eine Erinnerung als irgendwie bloß ein paar schöne Fotos. Und ... das finde ich dann schon ... finde ich schon auch klasse.“[539]

Der Titel stellt institutionalisiertes Kulturkapital dar. Er ist das Produkt aus dem zuvor investierten ökonomischen Kapital und kann auf dem Arbeitsmarkt gegen einen konkreten Geldwert eingetauscht werden.[540] Zudem dienen die Krone und Schärpe – die Insignien von König*innen – als Zeichen von Macht und kennzeichnen den*die Träger*in so als prestigeträchtiges Mitglied der Community (Abb. 4 u. 5).

Obgleich auch eine direkte finanzielle Vergütung wünschenswert wäre, erfolgt eine indirekte Monetarisierung des Gewinns in dem auf die Wahl folgenden Amtsjahr. Durch die Ernennung zur amtierenden Miss und die damit einhergehende Anerkennung und Bestätigung der Qualität ihrer Leistung wird Gaby beispielsweise für mehr Veranstaltungen gebucht, für die sie „auch mal eine Gage fordern“[541] kann. In dem Sommer nach ihrer Wahl habe Gaby innerhalb von vier Monaten an 80 Veranstaltungen partizipiert.[542] Mit ihrer gesteigerten Präsenz und damit einhergehend auch ihrem gesteigerten Bekanntheitsgrad ist es Gaby zudem wiederum möglich, ihr Netzwerk auszubauen und Kontakte zu knüpfen, die im Anschluss potenziell zu weiteren Buchungsanfragen führen können. Dies erlaubt ihr, das akkumulierte

536 Vgl. Tauschek 2013, S. 14.
537 Vgl. Interview mit Gaby Tupper vom 29.01.2019, Z. 1000 ff.
538 Vgl. ebd., Z. 987 ff.
539 Ebd., Z. 990 ff.
540 Vgl. Bourdieu 1983, S. 189 f.
541 Interview mit Gaby Tupper vom 29.01.2019, Z. 867 f.
542 Vgl. ebd., Z. 686 ff.

soziale, kulturelle und symbolische Kapital in Teilen zu ökonomischem Kapital – insbesondere in Form von Gage – zu konvertieren.[543]

Grundsätzlich zeigen die Betrachtungen, dass bestimmte Formen ökonomischen Handelns der Drags und Tunten – das Netzwerken, die Selbstvermarktung, das Konkurrieren um Preise – nicht in erster Linie der direkten Akkumulation von Geld dienen. Kapitalformen wie Aufmerksamkeit und Anerkennung werden von einigen dem ökonomischen Kapital vorgezogen, auch wenn sie zu Teilen in dieses konvertierbar sind.

4.5 Kreativität

Als weiteren zentralen Bestandteil des Phänomens Drag betonen die Interviewpartner*innen beständig die Schlüsselbegriffe „Kunst"[544] und „Kreativität", beziehungsweise das Ausleben der eigenen Kreativität[545]. In der kulturwissenschaftlichen Forschung ist Kreativität ein breit diskutierter Forschungsgegenstand[546] – einschließlich der Schnittstelle von Kreativität und Ökonomie. Diese wird gegenwärtig oftmals im Zusammenhang mit neoliberalen Logiken betrachtet.

Luc Boltanski und Eve Chiapello sehen im „neuen Geist des Kapitalismus" unter anderem die (künstlerische) Selbstverwirklichung als Antrieb für ökonomisches Handeln – und somit als eine Rechtfertigung des kapitalistischen Wirtschaftssystems.[547] Andreas Reckwitz schließt an diese Perspektive an und entwirft unter besonderer Berücksichtigung der Kreativität eine Sozialfigur, die Kreativsubjekt und unternehmerisches Subjekt vereint. Der*die Kreative – so Reckwitz – „[spielt] auf zwei Klaviaturen zugleich [...]: der ästhetisch-expressiven der Kreation und der öko-

543 Vgl. Bourdieu 1983, S. 185.

544 Vgl. Interview mit Gaby Tupper vom 29.01.2019, Z. 554 ff.; Interview mit Kördney Ehlichmann vom 21.02.2019, Z. 34 ff.

545 Vgl. Interview mit Sanda Meer vom 28.01.2019 (1), Z. 477 f.; Interview mit Gaby Tupper vom 29.01.2019, Z. 668 ff.

546 Vgl. u. a. Huber 2018; Althans u. a. 2008 (beide im Kontext Stadtforschung); Hohnsträter 2016 (im Kontext Konsumforschung); Richard/Ruhl 2008 (im Kontext Subkulturforschung); Kott 2006 (im Kontext Wirtschaftsanthropologie).

547 Boltanski/Chiapello 2006. Auch Richard Florida betrachtet Kreativität als eine ökonomische Ressource, die jedem Individuum zur Verfügung stehe und in Kombination mit Diversität „a basic driver of innovation and regional and national growth" darstelle; Florida 2003, S. 3. Mit seinem Fokus auf Standortförderung beschränkt sich seine Arbeit auf die ökonomische Verwertbarkeit von Kreativität im Kontext der Stadtentwicklung.

nomischen des Marktes."[548] Zudem identifiziert der Soziologe einen Kreativitätsimperativ, der die Subjekte als dominante Handlungsaufforderung anspricht.[549]

Diese die Kreativität exponierende Grundhaltung steckt auch in dem von Ulrich Bröckling entworfenen Leitbild des unternehmerischen Selbst. Das Konzept basiert auf den neuen Herausforderungen des postfordistischen Arbeitsmarkts im Zuge einer neoliberalen Restrukturierung, die sich vorwiegend in Tendenzen der Flexibilisierung, Subjektivierung und Prekarisierung zeigt.[550] Das von Bröckling entworfene Leitbild baut auf dem Konzept des homo oeconomicus auf, ist jedoch nicht als Ist-Zustand eines entsprechenden Subjekts zu verstehen. Vielmehr bezeichnet es „die Weise, in der Individuen als Personen adressiert werden, und zugleich die Richtung, in der sie verändert werden und sich verändern sollen."[551] Bröckling befasst sich folglich mit den Handlungsaufforderungen, die Individuen über vielzählige Wege gesendet werden und die in die Selbst- und Fremdverhältnisse der Individuen einsickern.[552] Das als unternehmerisches Selbst angesprochene Individuum soll sich selbst als Unternehmen begreifen und entsprechend führen. Die Parallelisierung von Individuum und Unternehmen ist dabei zentral.[553] Die lange Zeit als „unversöhnlicher Gegensatz"[554] gesehenen Bausteine des Lebens – Selbstverwirklichung, Selbstverantwortung und ökonomischer Erfolg – fließen in dem Leitbild zusammen und verstärken sich nunmehr wechselseitig.[555] Die Ökonomisierung betrifft somit „alle Felder des sozialen Seins"[556] – auch jene, die bisher vermeintlich als ökonomiefrei verstanden wurden.[557]

Innerhalb der kulturwissenschaftlichen Forschung werden diese soziologischen Konzepte vielfach rezipiert. Dies geschieht jedoch nicht ohne einen kri-

---

548 Reckwitz 2016, S. 190.

549 Vgl. Reckwitz 2014, S. 10. Diese Reduktion des Verständnisses von Kreativität als ökonomisch verwertbare Produktion wird innerhalb der kulturwissenschaftlichen Forschung kritisiert; vgl. etwa Althans u. a. 2008. Lucia Laila Huber setzt dieser Engführung ein weitergefasstes Verständnis von Kreativität gegenüber als „sozialer, auf gesellschaftliche Transformation gerichteter Prozess des Herstellens von Situationen und Räumen der Teilhabe an Schnittstellen des kulturellen und politischen Feldes"; Huber 2018, S. 14.

550 Vgl. Schönberger 2007, S. 67 ff.

551 Bröckling 2007, S. 46.

552 Vgl. ebd., S. 48 f. Bröckling fokussiert sich bei seiner Analyse auf Ratgeberliteratur und zeitgenössische Managementkonzepte, die Mitarbeiter*innen auf unternehmerisches Handeln verpflichten; vgl. ebd., S. 10; Eggmann 2019, S. 463.

553 Vgl. Bröckling 2007, S. 66.

554 Ebd., S. 52.

555 Vgl. ebd.

556 Eggmann 2019, S. 463.

557 Vgl. ebd.

tisch-reflektierenden Blick auf mögliche Grenzen und das Potenzial erweiterter Perspektiven zu richten.[558]

Der von der Wirtschaft ausgehende ökonomische Verwertungsdruck betrifft die Drags und Tunten auch in ihrer Subjektposition als Künstler*innen. In diesem Kapitel wird betrachtet, inwiefern die Tunten und Drags ökonomisches Denken und Handeln im Sinne des Profils des unternehmerischen Selbst und vor dem Hintergrund des Kreativitätsimperativs in ihr Selbstverständnis als Künstler*innen integrieren.

4.5.1 Zwischen Kunstform und Erwerbsarbeit

Im Rahmen des Formats *Koch Talk* war Gaby zu Gast bei der populären Berliner Tunte Margot Schlönzke. Während sie ein typisches Berliner Gericht – Kartoffelsuppe – zubereiten, kommen sie ins Gespräch. Eine Liveübertragung auf *Facebook* eröffnet den dort Rezipierenden die Möglichkeit, die Sendung in Echtzeit zu kommentieren. Die Kommentare wiederum sind für Gaby und Margot Schlönzke jederzeit einsehbar und werden in die Gespräche integriert.[559] In Reaktion auf einen dieser Zuschauer*innen-Kommentare thematisieren die beiden schließlich das Vorurteil, Tunten und Drags würden ausschließlich zum Zweck der Selbstverwirklichung auf der Bühne stehen. Diese verbreitete Annahme sei ein Grund, weshalb viel zu wenig Menschen bereit seien, für die Kunst der Drag Queens und Tunten Geld zu zahlen:

> „Wir machen das auch gerne. Was nicht jedoch stimmt ist, wir machen das, um im Mittelpunkt zu stehen oder es würde uns ausreichen, wenn wir auf die Bühne kommen oder so. Nein, das ist wirklich eine Kunstform, mit der wir versuchen, ein bisschen Geld zu verdienen. Und das kostet halt auch."[560]

Selbstverwirklichung – etwa in Form des Auslebens der eigenen weiblichen Seite und der künstlerischen Begabung[561] – und ökonomisches Handeln fließen ineinander. Kreativität und künstlerische Fertigkeiten werden vor diesem Hintergrund zu einer zentralen immateriellen Ressource des ökonomischen Handelns – das ökonomische Handeln wird Teil der Selbstverwirklichung. Hier lassen sich Ansätze des Profils des unternehmerischen Selbst in Gabys Handeln erkennen. Insbesondere die Verschränkung der Absicht, in ihrer Rolle als Künstlerin ihren Lebensunterhalt zu

558 Vgl. u. a. Glauser 2016 (im Kontext von Coaching-Programmen); Eggmann 2019 (im Kontext eines Laienchors); Wolff 2019 (im Kontext von digitalen Selbsttests).

559 Vgl. Schlönzke 2017. Die Live-Schaltung wird aufgenommen und im Anschluss auf *YouTube* zugänglich gemacht.

560 Ebd., Passage: 01:51:06-01:51:52.

561 Vgl. Interview mit Gaby Tupper vom 29.01.2019, Z. 669 ff.

finanzieren, und der gleichzeitig immensen intrinsischen Motivation zeigen sich in ihren Aussagen deutlich. So pointiert sie:

> „[D]ie Zeit und das Geld, das ich investiere, ist einfach nie eine Frage, ob ich das- ob das jetzt gut ist oder sinnvoll ist. So. Weil ich muss das machen. Die Große Göttin hat's mir so gegeben.“[562]

Ihr Büro ist dabei ihr Wohnzimmer – feste Arbeitszeiten hat sie nicht. Buchungsanfragen nimmt Gaby jederzeit entgegen. So auch vor und nach dem Interview, das wir zwischen 16:30 und 19:00 Uhr führten.[563] Wie die Verschmelzung von Selbstverwirklichung und ökonomischem Erfolg, so ist auch die Auflösung der fordistischen Trennung von Arbeit und Freizeit charakteristisch für das unternehmerische Selbst: „Die Selbstverwaltung des individuellen Humankapitals [...] kennt weder Feierabend noch Privatsphäre“.[564] Ständige Begleiterin ist zudem die Individualisierungsnorm, denn Distinktion führt zu (ökonomischen) Marktvorteilen.[565] Selbstverantwortung, Kreativität und Eigeninitiative sind Stichworte, die einen erfolgreichen Wettbewerb versprechen.[566] In diesem Kontext kann auch Gabys (letztendlich) erfolgreiche Teilnahme an der *MISS*ter CSD Berlin*-Wahl als strategisches Unternehmertum gelesen werden. Durch den Gewinn des Titels verfügt sie (mindestens) für das Amtsjahr über ein Alleinstellungsmerkmal, das ihr neben dem Faktor Prestige auch zusätzliche Buchungsanfragen aufgrund ihrer Rolle als Titelträgerin einbringt.[567] Der Sieg bei der *MISS*ter*-Wahl fungiert als Karriere-Booster.

Auch Sanda zeigt mit ihrem Bemühen um die Erweiterung ihres Netzwerkes deutliche Eigeninitiative, um ihrem Ziel, einem größeren Bekanntheitsgrad, näher zu kommen:

> „[I]ch hab schon Lust, mich zu vernetzen und so ein bisschen, dass man meinen Namen kennt, finde ich schon cool. Insofern war das jetzt auch schon ein bisschen strategisch von mir gedacht, ausgerechnet dort [in dem ihr neuen Kreis Monster Ronson's] aufzutreten, obwohl ich dort niemanden kenne, sozusagen. Oder nur sehr flüchtig eben aus diesem Grund, aber- aber es gehört, finde ich, auch ein bisschen dann dazu.“[568]

Als Konkurrenzsubjekt ist die permanente Selbstoptimierung – etwa orientiert am Modus des lebenslangen Lernens oder des persönlichen Wachstums – im Sinne ei-

562 Ebd., Z. 677 ff.
563 Vgl. Gesprächsdokumentation zu Gaby Tupper am 29.01.2019, Z. 8 ff.
564 Bröckling 2007, S. 67.
565 Vgl. ebd., S. 68.
566 Vgl. ebd., S. 75.
567 Vgl. Interview mit Gaby Tupper vom 29.01.2019, Z. 865 ff.
568 Interview mit Sanda Meer vom 28.01.2019 (1), Z. 1215 ff.

ner kontinuierlichen Verbesserung für das unternehmerische Selbst unerlässlich, „weil jeder seine Position stets nur für den Moment und in Relation zu seinen Mitbewerbern behaupten kann“[569]. Dessen ist sich Gaby bewusst und sie berichtet selbstbewusst:

> „[I]ch [habe] über die Jahre auch viel gelernt [...] und vor allen Dingen anders als andere Leute, die an der Hochschule irgendwas lernen, ich hab's durch das Machen, durch das Leben gelernt. Und hab davon aus den Erfahrungen anderer Menschen, auch aus den teilweise sehr bitteren Erfahrungen anderer Menschen, viel mitgenommen und das hat mich- hat mich an vielen Stellen geprägt und auch weitergebracht. So in meinem künstlerischen Leben vor allen Dingen.“[570]

Auch bei dem*der anonymisierten Interviewpartner*in lassen sich vor dem Profil des unternehmerischen Selbst einige Parallelen erkennen. Vor dem Hintergrund der stets geforderten Selbstsorge im Sinne der Instandhaltung der Ich-AG[571] kann folgende Äußerung zwar als eine Form von Eskapismus verstanden werden, die sich gleichzeitig jedoch auch als Selbstoptimierungsstrategie lesen lässt:

> „[I]st ja im Grunde auch so eine Art Glamour und Traumwelt. Dieses ganze Blingbling und Glitzer und alles ist schön. Ist ja in der echten Welt nicht so. Ist ja nicht alles schön. Und [...] ich glaube auch bei Drag so teilweise, wenn der Vorhang fällt, dann ist da der arme Clown, so nach dem Motto. Das ist einfach, wenn man geschminkt ist und aufgetakelt oder auch auftritt, ist es halt Theater in dem Sinne und es ist ja auch, ja, es ist halt schön. Und die Realität ist nicht immer schön und deswegen ist es auch eine Art von Freiheit, denke ich mal. [...] Man macht es sich so schön, wie es geht. Ne? [...] dann ist das halt auch eine kurze Zeit von Glück [betont].“[572]

Aus dem künstlerischen Handeln generiert der*die anonymisierte Interviewpartner*in ein großes Maß an Entspannung, welche sie*er zu Stressbewältigung und Revitalisierung benötigt.[573]

Insgesamt investieren die Drags und Tunten vieles, was schließlich ihrer Marktfähigkeit zugutekommt: unter anderem *Zeit* (sie organisieren ihre Fummel und stellen diese teilweise zeitaufwendig selbst her; sie fummeln sich teils stundenlang

569 Bröckling 2007, S. 72.
570 Interview mit Gaby Tupper vom 29.01.2019, Z. 433 ff.
571 Vgl. Bröckling 2007, S. 65 f.
572 Vollständig anonymisiertes Interview vom 28.03.2019, Z. 264 ff.
573 Vgl. ebd., Z. 284 ff.

auf; sie pflegen ihre Materialien; sie investieren in Lernprozesse, etc.[574]), *Geld* (sie zahlen für Ressourcen/Material und Fahrtkosten, etc.[575]), *Mut* (sie überwinden sich beim Kauf von Bekleidungsstücken in der Öffentlichkeit und erarbeiten Strategien, mit denen sie diese Aufgabe bewältigen können; sie investieren Mut, um sich bei Auftritten auf den Bühnen der Öffentlichkeit zu präsentieren, etc.[576]) und sogar *physischen Schmerz* (sie akzeptieren Blasen durch High Heels; sie modellieren sich einen Busen mithilfe von Eigenfett, Muskelgewebe und Klebeband[577], etc.). All diese zahlreichen Praktiken fügen sich als Maßnahmen der Selbstorganisation, Selbstkontrolle, Selbstvermarktung und Selbstoptimierung zu einem Selbstverständnis, das wiederum in das Profil des unternehmerischen Selbst passt.

Obgleich sich einige Handlungsweisen der Tunten und Drags in das Profil des unternehmerischen Selbst einfügen, entsprechen andere Handlungsmuster ihrerseits ganz und gar nicht den entsprechenden Vorgaben. Denn bei der Allgegenwärtigkeit des Marktes ist es weiterhin zentral, die erworbenen und stetig auszubauenden Fähig- und Fertigkeiten kontinuierlich in den Wettbewerb einzubringen und auch das „Verhältnis zu sich selbst marktförmig [zu] gestalten“[578]. Gaby reflektiert, dass ihr ein marktförmiges Verhältnis zu sich selbst in einigen Situationen nicht recht gelingen mag – etwa, wenn sie als „Community-Queen“[579] den Mehrwert für die Community (beispielsweise in Bezug auf Freundschaftsdienste) im Blick habe:

> „Das ist ein bisschen [betont] mein Problem, wenn's ums Finanzielle geht. Ich hab nie gelernt, das was ich mache ... dafür auch Geld zu fordern. An bestimmten Punkten kann ich das, also [...] so langsam lerne ich das.“[580]

Im Sinne des Vorgabenkatalogs des unternehmerischen Selbst ist dieses altruistische Verhalten mit wirtschaftlichem Verlust gleichzusetzen. Ihr ehrenamtliches Engagement steht für Gaby an manchen Stellen vor ihrem persönlichen finanziellen Gewinn. Denn letztendlich – so Gaby – sollte „Drag [...] mehr sein, als nur das Geldverdienen“[581]. Damit bricht sie mit der unternehmerischen Logik des stetigen Strebens nach wirtschaftlichem Erfolg.

574 Vgl. Interview mit Angelique van Klojten vom 28.02.2019 (1), Z. 96 ff.; Interview mit Sanda Meer vom 28.01.2019 (1), Z. 627 ff.

575 Vgl. Interview mit Gaby Tupper vom 29.01.2019, Z. 530 ff.

576 Vgl. Interview mit Ivana Bendova vom 13.02.2019, Z. 292 ff.; Interview mit Kördney Ehlichmann vom 21.02.2019, Z. 619 ff.

577 Vgl. Interview mit Angelique van Klojten vom 28.02.2019 (2), Z. 71 ff.; Interview mit Angelique van Klojten vom 28.02.2019 (1), Z. 969 ff.

578 Bröckling 2007, S. 72.

579 Interview mit Gaby Tupper vom 29.01.2019, Z. 697.

580 Ebd., Z. 696 ff.

581 Ebd., Z. 619.

Wie Gaby, so denkt auch Sanda zukünftig in Richtung Erwerbsarbeit, obgleich in limitiertem Umfang, denn sie hat Schwierigkeiten mit der vollständigen Verschmelzung von Arbeit und Freizeit:

> „Ja, also, ehm, derzeit ist eine Fantasie, die mir reizvoll vorkommt, mein Studium zu beenden und einen entsprechenden Job anzufangen [...], so ein Job, bei dem man dann Feierabend hat und dann ist Schluss. Vielleicht so eine halbe oder dreiviertel Stelle und das vielleicht [mit Drag als Zusatzerwerb] kombinieren und vielleicht auch mit sowas ein bisschen Geld verdienen, weil ich weiß, dass mir das Spaß macht und sich das anbietet vielleicht dann auch ein bisschen Geld zu verdienen. Aber auch die Möglichkeit zu haben, mich komplett auf einen gewöhnlichen, alltäglichen Beruf zu verlassen, das wäre reizvoll."[582]

Gegen eine Vollzeitbeschäftigung als Tunte spricht für sie die Redensart „man soll sein Hobby nicht zum Beruf machen"[583]. Sie fürchtet, durch das Ausüben von Drag als Haupterwerbstätigkeit „den Spaß an der Sache"[584] zu verlieren. Ihr würde es von Zeit zu Zeit passieren, dass sie Jobs für Shows annehme und an dem betreffenden Abend dann keine Lust verspüre und sich ärgere, die Verpflichtung wahrnehmen zu müssen. Verstärkt würde das Verpflichtungsgefühl werden, sollte – so Sanda – das Einkommen beziehungsweise die finanzielle Sicherheit vor dem Hintergrund von Drag als Haupterwerbstätigkeit von den Auftritten abhängen.[585] Es ist der Mangel an Freiheit, der Sanda Sorge bereitet.

Die Kulturwissenschaftlerin Karin Bürkert proklamiert in diesem Zusammenhang, sowohl ökonomisches als auch kreatives Handeln basiere auf „sozial und diskursiv determinierten Prozessen"[586]. Vor diesem Hintergrund identifiziert Reckwitz ein Kreativitätsdispositiv, das sowohl den Wunsch nach Kreativität („subjektives Begehren") als auch einen Kreativitätsimperativ („soziale Erwartung") impliziert: „Man *will* kreativ sein und *soll* es sein".[587] Im Sinne des Kreativitätsimperativs wird Kreativität heute „nicht als soziale Kraft, sondern als vermarktbare kulturelle Produktion"[588] begriffen. Somit etabliert sich in Bezug auf die künstlerische Arbeit ein ökonomischer Verwertungsdruck.[589] Reckwitz sieht sein skizziertes Kreativitätsdispositiv mittlerweile „in die dominanten Segmente der Gegenwartskultur, in ihre Ar-

582 Interview mit Sanda Meer vom 28.01.2019 (2), Z. 4 ff.
583 Ebd., Z. 16.
584 Gesprächsdokumentation zu Sanda Meer am 28.01.2019, Z. 135.
585 Vgl. ebd., Z. 135 ff.
586 Bürkert 2019, S. 624.
587 Reckwitz 2014, S. 10, Herv. i. Orig.
588 Huber 2018, S. 66.
589 Vgl. Bürkert 2019, S. 628.

beits-, Konsum- und Beziehungsformen eingesickert“[590] – sprich: es ist hegemonial geworden. Das Beispiel Kördneys verdeutlich jedoch, dass dies zu kurz greift, da die Widerstandspotenziale der Subjekte nicht berücksichtigt werden. Sie reflektiert die Rahmenbedingungen und konstatiert in Bezug auf Drag als Haupterwerbstätigkeit, dass sie sich diesem Entwurf nicht unterwerfen will:

> „Hätte ich keinen Bock und keine Zeit für. Also das- wenn Leute das können, ist das cool, ist auch witzig, aber das ist-, ne, ne, also da bin ich doch eher- ne, würde nicht passen. Weil's dann ja auch wieder von außen so bestimmt ist, ne? Dann muss man das machen, dann hat man so eine Terminliste, die man abarbeiten muss und dann wird das zu so einem Jobding und, ne, da hätte ich keinen Bock zu, da mein Geld zu verdienen.“[591]

Sobald Kreativität, wie Bröckling formuliert, als „Antwort auf die Innovationszwänge kapitalistischer Modernisierung etwa oder allgemeiner: als Reflex ökonomischer Notwendigkeiten“[592] identifiziert wird, scheinen sich sowohl Sanda als auch Kördney von den Handlungsaufforderungen des unternehmerischen Selbst zu distanzieren. Der (künstlerische) Selbstverwirklichungsantrieb der Drags und Tunten wird vor der Folie des unternehmerischen Selbst instrumentalisiert und als Antriebsfaktor in die ökonomische Logik integriert: „Der Glaube an die schöpferischen Potenziale des Individuums ist die Zivilreligion des unternehmerischen Selbst“[593]. Sanda und Kördney empfinden Kreativität vor diesem Hintergrund jedoch eher als Leistungszwang.[594] Sie widersetzen sich diesen Strukturzwängen, indem sie ihre persönliche Entfaltung gegenüber dem ökonomischen Gewinn priorisieren. Insgesamt lassen sich in den Handlungsmustern der Interviewpartner*innen deutliche Spuren des Profils des unternehmerischen Selbst identifizieren. Ebenso deutlich sind jedoch auch die Abgrenzungsmechanismen und widerständigen Haltungen gegenüber den von Bröckling ausgemachten Handlungsaufforderungen. Diese stehen teils in zu großem Gegensatz zu den (politischen) Motivationen und Lebensentwürfen der Tunten und Drags.

Der Kulturanthropologe Eberhard Wolff moniert, die Ergebnisse bisheriger Forschungen, die dem unternehmerischen Selbst einen Durchmarsch in die Gesamtgesellschaft bestätigen, basierten auf deduktiven Zugängen, die die These der Allgegenwärtigkeit a priori setzen und nur in vielversprechenden Forschungsfeldern nach einem Beleg suchten.[595] Die Ergebnisse des induktiven Ansatzes dieser Arbeit

590 Reckwitz 2014, S. 14.
591 Interview mit Kördney Ehlichmann vom 21.02.2019, Z. 371 ff.
592 Bröckling 2007, S. 153.
593 Ebd., S. 152.
594 Vgl. Interview mit Kördney Ehlichmann vom 21.02.2019, Z. 443 ff.
595 Vgl. Wolff 2019, S. 476.

weisen lediglich auf eine partielle Teilhabe des unternehmerischen Selbst an den Subjektformen der Drags und Tunten hin und zeigen die Grenzen des Konzeptes auf: Die starke Community-Orientierung Gabys stellt das Gegenteil der unternehmerischen Konkurrenz- und Marktlogik dar, Kördney verweigert sich dem Wettbewerbsdruck und Sanda will sich dem Leistungszwang der Kreativität nicht hingeben. Alternative Orientierungen der Subjekte, etwa an der Solidarität der Gemeinschaft, oder stark reflektierende Perspektiven stehen im Widerspruch zu den vermeintlich allgegenwärtigen Handlungslogiken des unternehmerischen Selbst.

Das Leitbild des unternehmerischen Selbst ist folglich nicht in alle Sphären des Seins integriert – die Ökonomie des Sozialen hat in dem hier vorliegenden Sample nicht umfassend um sich gegriffen, beziehungsweise sind die Tunten und Drags handelnde Subjekte, die der Logik des unternehmerischen Selbst keinesfalls vollständig unterworfen sind. In seiner Anlehnung an die Eigenschaften des homo oeconomicus ist das Leitbild zu eindimensional gedacht – alternative Formen des Wirtschaftens fallen aus dem Raster. Es bestätigt sich die kulturwissenschaftliche Kritik an dem soziologischen Konzept, nämlich dass die Subjekte zwar Teil des Diskurses um das unternehmerische Selbst sind, doch sie „führen ihn fort, verändern und konterkarieren die Rede [...], was zu Brüchen, Widersprüchen und Ambivalenzen führt."[596] Aus diesen Brüchen und Ambivalenzen erwächst ein Handlungsspielraum. Das ökonomische Handeln der interviewten Drags und Tunten zeichnet sich nicht durch kontinuierliches unternehmerisches Handeln aus, sondern vielmehr durch ein Mischverhältnis aus unternehmerischen und alternativen Formen des Wirtschaftens.

4.5.2 Kommerzialisierung

Obgleich die Interviewpartner*innen ausschließlich einzelne Handlungsmuster des unternehmerischen Selbst adaptiert zu haben scheinen, findet die Ökonomisierung des Sozialen in Teilen der Drag-Szene durchaus in größerem Umfang statt. Der kapitalistische Verwertungskreislauf mit seiner Inklusion künstlerischer Produktion führt unter anderem zu einer Kommerzialisierungstendenz der Drag-Szene – auch in Teilen des Untersuchungsfeldes dieser Arbeit.[597] Zu den Kontexten, in denen unternehmerisches Handeln im Sinne des unternehmerischen Selbst explizit zu Tage tritt, bringen sich die Interviewpartner*innen jedoch vermehrt kritisch in Stellung.

Sanda verweist auf den kommerziellen Charakter vieler Drag-Shows in Berlin. Zwar sei dies nicht „per se schlecht", allerdings führe es dazu, „dass die Stimmung

596 Vgl. Glauser 2016, S. 14, zit. nach Tauschek/Wolff 2019, S. 448.
597 Vgl. Bürkert 2019, S. 631.

auf der Show anders ist“[598] als bei einer nicht-kommerziellen Veranstaltung wie den Shows der *Schlösschentunten*, bei denen die Auftretenden keine Gagen erhalten und stattdessen ein möglicherweise vorhandenes Budget solidarisch geteilt wird.[599] Besonders sichtbar wurde eine spezifische ökonomische Logik während der Drag-Show in der Bar *Monster Ronson's Ichiban Karaoke*, in der Sanda am 29. Januar 2019 erstmalig auftrat.[600] Ob an der Garderobe, im Eingangs- beziehungsweise Kassenbereich oder an der Bartheke – überall fanden sich zahlreiche Behältnisse mit Schildern versehen, die zusätzlich zum Eintrittspreis von 7 Euro um Trinkgeld baten.[601] Aufschriften wie „tipping is sexy“, „tipping is the hottest thing“ oder „love – tip“[602] – stellen einen Versuch dar, die Bitte um Trinkgeld auf kreative Weise persönlicher und individueller zu gestalten. Zusätzlich ließ die Gastgeberin Gieza Poke im Anschluss an die Auftritte einen Sektkühler durch das Publikum reichen und verkündete, bei ihrem Show-Konzept handele es sich um eine „tip-based-economy“[603]. Mit der wiederholten Bitte um Trinkgelder und die überall sichtbaren schriftlichen Aufforderungen kann sich der soziale Druck auf die Besucher*innen erhöhen. Sanda erhielt für ihren Auftritt eine Gage von 50 Euro.[604] Damit zählt dieser Auftritt zu einem der wenigen, für den sie eine monetäre Vergütung erhielt.

Eine weitere an der Wand neben dem Tresen angebrachte Tafel enthielt eine Ankündigung für die kommende Veranstaltung der Reihe *Gieza Pokes Mic Hunt* mit dem Versprechen, bei Erscheinen im „Fummel“ freien Eintritt zu erhalten: „come in a ‚look‘ for free entry“.[605]

Bei der Karaokebar *Monster Ronson's* handelt es sich um eine Lokalität, die laut Sanda oftmals auch von Tourist*innen besucht wird.[606] Je mehr Besucher*innen aufgefummelt zu der Veranstaltung erscheinen, desto sichtbarer und attraktiver wird auch der Szenecharakter der Bar, der letztendlich Gegenstand des Interesses der Besucher*innen ist. In dieser Strategie zeigt sich die Bedeutung künstlerischen Schaffens für kommerziellen Erfolg.

Kommerzialisierungstendenzen lassen sich nicht nur in der Berliner Drag-Szene beobachten. Ivana konstatiert, dass insbesondere Hamburg in Abgrenzung zu anderen Großstädten über eine „sehr hochpolierte Szene“[607] verfüge. Mit all der

598 Interview mit Sanda Meer vom 28.01.2019 (1), Z. 1157 u. Z. 1157 f.
599 Vgl. ebd., Z. 1155 ff.
600 Ein ausführlicher Bericht über den Verlauf des Abends inklusive Beschreibungen und Skizze der Räumlichkeit wurde verschriftlicht; vgl. Teilnehmende Beobachtung vom 29.01.2019.
601 Vgl. ebd., Z. 18 ff.
602 Ebd., Z. 26 f.
603 Ebd., Z. 134.
604 Vgl. Interview mit Sanda Meer vom 28.01.2019 (1), Z. 1174.
605 Vgl. Teilnehmende Beobachtung vom 29.01.2019, Z. 44 f.
606 Vgl. Gesprächsdokumentation zu Sanda Meer am 28.01.2019, Z. 145 f.
607 Informelles Gespräch mit Ivana Bendova vom 10.01.2019, Z. 61.

Kommerzialisierung handele es sich dort geradezu um eine „unternehmerische Kunstform“[608]. Deutlich sichtbar wird die Kommerzialisierungstendenz etwa im Bereich der Reeperbahn und der Großen Freiheit im Stadtteil St. Pauli. Hier ist Olivia Jones mit ihrer Olivia Jones-Familie omnipräsent: vertreten durch ihre Bars und Clubs, durch zahlreich besuchte, von ihr oder ihren angestellten Drags geführte Kieztouren, auf Werbeplakaten oder Spielbudenplatz-Weihnachtsmarktbannern abgedruckt sowie in Form von Fotos auf einem Hotdog-Stand.[609] Ihre Existenz ist materiell fest in das Stadtbild eingeschrieben und auch – so lassen zahlreiche Artikel der klassischen Printmedien schließen – in das Image Hamburgs. So heißt es etwa in einem Artikel der *Kieler Nachrichten* anlässlich der Eröffnung einer Olivia Jones-Karaoke-Bar: „Die Dragqueen ist von der Reeperbahn nicht mehr wegzudenken“. Immer wieder bewiese diese ihren guten Geschäftssinn. Mit der Eröffnung der neuesten Bar sei das „Olivia Jones-Imperium [...] um eine schrille Attraktion reicher.“[610]

Diesen Eindruck teilen die interviewten Tunten und Drags und bewerten ihn schließlich ambivalent. Gaby betont zunächst:

> „Olivia Jones hat natürlich als Geschäftsfrau erstmal wahnsinnig viel geschafft, was ich ihr auch hoch anrechne. Das muss man erstmal können. Allerdings ist es wohl so, dass ist das, was ich aus Hamburg immer wieder höre, dass- Olivia Jones ist halt Olivia Jones.“[611]

Mit steigender kommerzieller Absicht nimmt auch die Konkurrenz zwischen den einzelnen Marktteilnehmer*innen zu:

> „Ihre [Olivia Jones] Läden sind wohl- es sind wohl nur noch Touristen da ... ... man kann als Drag Queen eigentlich nicht hingehen, weil, man wird sofort als Konkurrenz angesehen und im Pulverfass ist es ähnlich. Also da geht's dann wirklich ums Geld-Verdienen [...].“[612]

Diese Konkurrenzsituation entspricht dem Gegenteil von Gabys Wunsch nach Solidarität innerhalb der Community. Auch die Forcierung der Aufmerksamkeit von Tourist*innen bei gleichzeitigem Ausschluss externer Tunten und Drags – mit dem Ziel einer Steigerung der Einnahmen und Sicherung des eigenen Monopols – trifft auf Kritik innerhalb der Community. Karin Bürkert proklamiert, die „direkte kommerzielle Verwertung kultureller und künstlerischer Produktion sowie ihre indirekte Vermarktung“[613] stünden oppositionell zu Freiraum. Wenn künstlerisches Schaf-

608 Ebd., Z. 63.
609 Vgl. Wahrnehmungsspaziergang vom 01.12.2018, Z. 47 ff.
610 Kieler Nachrichten, Artikel vom 22.07. 2019, S. 11.
611 Interview mit Gaby Tupper vom 29.01.2019, Z. 610 ff.
612 Ebd., Z. 616 ff.
613 Bürkert 2019, S. 626.

fen an ökonomischen Verwertungslogiken ausgerichtet wird, droht die Gefahr der Absorption durch den hegemonialen Diskurs. Doch, so Angelique:

> „[D]as ist ja genau nicht der Sinn einer Drag Queen. Sondern die Drag Queen soll die Möglichkeit nutzen, ihre Aufmerksamkeit, auf bestimmte Dinge hinzuweisen. Auf zum Beispiel, dass gerade wieder überall Schwule und Lesben umgebracht werden [...]. Eher das zu nutzen als Sprachrohr."[614]

Die konsequente Orientierung an den Ansprüchen des Publikums führe zu einer Anpassung an den Mainstream und seine heteronormative Ordnung. Drag ist in diesem Kontext dem großen Risiko ausgesetzt, das subversive Potenzial zu verlieren. Francis Seeck, Kulturanthropolog*in, pointiert, in der „kommerziellen Aneignung im Neoliberalismus wird Drag zu einer Bühne für Geschlecht als einem Markt der Möglichkeiten und vergisst damit seine eigene Geschichte."[615] Auch Kördney betrachtet Olivia Jones in ihrem (unternehmerischen) Handeln als „zu unpolitisch, zu unkritisch ... und zu perfekt"[616]. Eine solche Publikumsorientierung im Rahmen der unternehmerischen Verwertung künstlerischer Produktion findet in vielen Tunten-Kontexten aufgrund des historisch gewachsenen politischen Selbstverständnisses nicht statt.[617]

Neben Olivia Jones ist auch die afroamerikanische Drag Queen RuPaul eine Größe, die unter deutschen Drags und Tunten sehr bekannt ist.[618] Die Fernsehshow *RuPaul's Drag Race*[619] ist an das Format einer Castingshow angelehnt, in der RuPaul als oberstes Jurymitglied in jeder Staffel eine Drag Queen als Sieger*in kürt. Dem Wesen einer Castingshow entsprechend handelt es sich um einen hochgradig kompetitiven Wettbewerb, in dem die teilnehmenden Drag Queens sich Show für Show verschiedensten Aufgaben stellen und gegen die Mitbewerber*innen durchsetzen müssen.[620] *RuPaul's Drag Race* erfreut sich internationaler Beliebtheit und wird als „Mainstream-Erfolg"[621] verhandelt – es ist ein hochgradig kommerzialisiertes Produkt, das von der Marke RuPaul getragen wird.[622] Wie Olivia Jones, so polarisiert

614 Interview mit Angelique van Klojten vom 28.02.2019 (1), Z. 452ff.

615 Seeck 2018, S. 74.

616 Interview mit Kördney Ehlichmann vom 21.02.2019, Z. 434.

617 Vgl. Interview mit Sanda Meer vom 28.01.2019 (1), Z. 905ff.

618 RuPaul und Olivia Jones belegen in den Top 10 im Ranking der *Erwerbsmäßigen Fummeltrinen* in dem Buch *Die Diva ist ein Mann* Platz 5 und 6; vgl. Hamm 2007, S. 192.

619 Produziert seit 2009 wurde im Jahr 2019 bereits die 11. Staffel ausgestrahlt; vgl. Internet Movie Database 2019.

620 Vgl. ebd.

621 Balzer 2007a, S. 608.

622 Es existiert beispielsweise ein Onlineshop, in dem zahlreiche Merchandising-Artikel rund um die Show (u. a. bedruckte T-Shirts, CDs mit den Show-Soundtracks, Bücher oder sogar eine RuPaul-Puppe) zum Kauf angeboten werden; vgl. RuPaul – the official website 2019.

auch RuPaul's Showformat. Gaby betont den Vorteil, dass RuPaul die große Aufmerksamkeit, die die Show generiert, zu aufklärerischen Zwecken nutzen kann. Da die Show auch in Deutschland rezipiert wird, seien die Effekte auch hier spürbar:

> „RuPaul's Drag Race hat ein Format, was einfach die Leute lieben, Castingshows sind einfach toll, so, macht Spaß und da werden Sachen vermittelt, die Leute sehen [betont], was wir für einen Aufwand betreiben, was wir für Geld auch dafür ausgeben, dass das eine Investition von Zeit und Geld ist und dass wir das nicht machen, weil wir umsonst auf die Party wollen und unbedingt im Mittelpunkt stehen und Freigetränke, sondern dass da mehr dahinter steckt. Das hat bei vielen Leuten für eine Anerkennung gesorgt, endlich mal. ... [...] Und auch dafür gesorgt, dass sich viel mehr Leute auch trauen [betont], das selber mal auszuprobieren und auf die Bühne zu gehen und das hat durchaus dafür gesorgt, dass in Berlin- [...] Berlin ist einfach eine kreative Stadt und viele Kreative ziehen nach Berlin eben genau deshalb, dass gerade in Berlin einfach die jungen Drags aus dem Boden schießen wie die Pilze."[623]

RuPaul und die Teilnehmer*innen der Show werden zudem als Inspiration – beispielsweise für Looks – herangezogen.[624] Sanda problematisiert jedoch in diesem Zusammenhang, dass einige dem durch RuPaul ausgelösten Hype imitierend folgen würden, jedoch kein Verständnis für die historischen und inhaltlichen Kontexte des Phänomens aufbrächten:

> „Also viele gehen da völlig, mit einer völlig unbedachten Haltung rein, finden das cool, sehen das bei Drag Race und machen das genauso nach und haben sicherlich auch ihren eigenen Stil und so weiter, aber hinterfragen vieles gar nicht und das finde ich wichtig schon, das zu machen und wieso habe ich den Drang, bestimmte Sachen zu machen und was ist okay und was nicht? Und total häufig passiert es, dass ... ... irgendwelche Drag Queens verkleiden sich als Drag Queen sozusagen oder fummeln sich dann halt auf und finden es dann ganz lustig dann irgendwie sich so, ‚Ja, ich bin die Schlampe, bla bla bla' zu bezeichnen und merken gar nicht, was sie da für sexistische Klischees bedienen."[625]

623 Interview mit Gaby Tupper vom 29.01.2019, Z. 530 ff.
624 Vgl. Interview mit Angelique van Klojten vom 28.02.2019 (1), Z. 384 ff.
625 Interview mit Sanda Meer vom 28.01.2019 (1), Z. 387 ff.

Vor diesem Hintergrund werden folglich wieder jene Diskussionen um heteronormative Ordnungen reproduzierende Handlungen innerhalb des Drag angestoßen und von neuem befeuert.[626]

Letztendlich werden auch in diesem Fall der kommerzialisierten Verwertung von Drag die Publikumsorientierung und die Anpassung an den Mainstream kritisiert. So bewertet Ivana die Show insgesamt als sehr „konventionsorientiert“[627]. Die Kandidat*innen seien sehr darauf fixiert, wie sie aussehen müssen, um sowohl beim Publikum als auch bei der Jury „gut anzukommen“ – sie seien allzu sehr an die „Bedürfnisse des Publikums angepasst“[628]. Gelinge ihnen diese Anpassung – so Ivana – handele es sich bei der Show um ein wertvolles Karrieresprungbrett. Schließlich sei sie eine „reine Vermarktungskiste“[629].

Wie die Beispiele Olivia Jones und RuPaul zeigen, breiten sich die Kommerzialisierung und die ökonomische Verwertung des Phänomens Drag stetig weiter aus. Im Juni 2019 gab der deutsche Privatsender *ProSieben* die Entscheidung bekannt, mit dem im Winter startenden Format *Queen of Drags* eine deutsche Adaption des amerikanischen Vorbilds *RuPaul's Drag Race* ins Leben zu rufen. Der Geschäftsführer des Senders, Daniel Rosemann, äußert in Bezug auf die Präsenz internationaler Drag Queens in einigen Folgen der prominenten Castingshow *Germany's next Topmodel*:

> „Die GNTM-Folge mit den Drags als Gaststars zählt zu den beliebtesten Folgen unserer ZuschauerInnen. Ein schöner Grund, um diesen außergewöhnlichen, interessanten Männern und ihren Kunstfiguren in ‚Queen of Drags‘ eine eigene Prime-Time-Sendung zu widmen und die beste von ihnen zu küren.“[630]

Selbstverständlich ist die Entscheidung des Senders für die Einführung eines neuen Formats – sogar mit Prime-Time-Sendeplatz – wirtschaftlich motiviert und rezipierendenorientiert. Doch zeigt sich hier eine Konfliktlinie, die schon in der Vergangenheit der Drag- und Tunten-Geschichte im Kontext des sogenannten Tunten-Balls problematisiert wurde. Hierbei handelte es sich um einen „von kommerziellen Party-Veranstaltern organisierte[n], exotisierende[n] Kostüm-Ball für ein überwiegend heterosexuelles Publikum mit Eintrittspreisen von bis zu 150 DM“[631]. Viele Tunten erachteten und kritisierten dies als Zurschaustellung der Tunten als Attraktion und

626 Vgl. Aichberger 2018; Reuter 2018.
627 Informelles Gespräch mit Ivana Bendova vom 10.01.2019, Z. 85.
628 Ebd., Z. 87 u. Z. 87 f.
629 Ebd., Z. 89.
630 Rosemann 2019.
631 Balzer 2007a, S. 278.

zur Befriedigung der voyeuristischen Bedürfnisse von Heterosexuellen.[632] Auch in Bezug auf das neue Format *Queen of Drags* regt sich schon kurz nach der Bekanntgabe des Sender Protest in den Reihen der Tunten und Drags – in Form der Online-Petition *Kein Foto für Heidi*[633]. Der größte Kritikpunkt ist die Jurybesetzung durch Heidi Klum, Bill Kaulitz (Sänger der Band *Tokio Hotel*) und Conchita Wurst (Gewinner*in des *Eurovision Song Contests* im Jahr 2014 für Österreich). Insbesondere Heidi Klum in der Rolle der Jurorin stößt auf Widerstand. So bemängeln die Urheber*innen der Petition:

> „Wir sehen es als problematisch an, wenn mit Heidi Klum als Frontfigur und Vermarktungsgesicht der deutschen Ausgabe der Ausverkauf der Drag-Community an ein heteronormatives Publikum zu dessen bloßer Belustigung auf Kosten der Teilnehmer*Innen und der gesamten Drag-Community vorprogrammiert ist. Es geht nicht mehr darum eine gute, qualitativ hochwertige, informative oder aufklärerisch wirkende Sendung mit Niveau zu machen, wie es das Original [RuPaul's Drag Race] bietet, es geht vielmehr um das Keifen, das persönliche Drama, die bloße Zurschaustellung übelster und erwarteter Klischees. Die Teilnehmer*Innen sind dort nur noch Mittel zum Zweck. Qualität wird geopfert, um die Quote durch Bedienen des gesellschaftlichen Voyeurismus zu retten. Der eigentlich und wirklich wichtige Aufklärungscharakter und das vorurteilsfreie Heranführen an diese Szene und deren großartige Bandbreite gehen verloren."[634]

Weiterhin monieren sie die bisher mangelnde Verbindung Heidi Klums zu der Drag-Community, die in ihrer Rolle als Jurorin der „Sendereihe vorsitzen soll und damit Geld verdienen wird".[635] Dies ginge über kulturelle Aneignung hinaus und würde von den Urheber*innen der Petition als „kulturelle[r] Missbrauch"[636] verstanden. Auf Basis dieser Kritikpunkte fordert die Petition zu einer Umbesetzung der Jury mit Mitgliedern der Community oder zumindest ihr nahestehenden Persönlichkeiten auf.[637]

Auf *Facebook* kursiert unter dem Hashtag #NotHeidisQueen eine öffentlich geteilte Stellungnahme zu der Bekanntgabe des neuen *ProSieben*-Formats. Auch hier wird die vermeintliche Fehlbesetzung der Jury durch Heidi Klum unter anderem in

632 Vgl. ebd.

633 Die Online-Petition wurde kurz nach der Bekanntgabe von *ProSieben* am 26.06.2019 durch die Berliner Tunte Margot Schlönzke und Drag King Ryan Stecken ins Leben gerufen. Bis zum 14.10.2019, 22:46 Uhr, wurden 27.051 Unterschriften registriert; vgl. Schlönzke/Stecken 2019.

634 Ebd.

635 Ebd.

636 Ebd.

637 Vgl. ebd.

Bezug auf den vermuteten ökonomischen Gewinn scharf kritisiert. Klum nehme als eine „weiße, reiche, heterosexuelle cis-Frau“, die „einengende und diskriminierende Frauenrollen tagtäglich“ ausbaue, einer „queeren Person mit mehr Erfahrung und Eignung den Arbeitsplatz und die Sichtbarkeit“[638]. Die Stellungnahme schließt mit einem Aufruf zum Boykott: „Fellow Queers, bitte, schaut Euch das nicht an. Nicht mal ironisch. Queens, bitte nehmt daran nicht teil. Lasst Euch nicht von Heidi Klum ausbeuten“[639].

Die Verwertung der Kunst der Drags und Tunten zu kommerziellen Zwecken und eingegliedert in die hegemoniale Ordnung wird von Teilen der Drag-Szene konsequent abgelehnt. Zwar wird das Format als solches nicht infrage gestellt und als aufklärerisch-wertvoll gedeutet, doch wird Drag an dieser Stelle dem eigenen Ursprung entrissen, entkontextualisiert und ökonomisch so gewinnbringend wie möglich vermarktet. Die vehemente Forderung, Persönlichkeiten der Community selbst in die Jury zu integrieren und ihnen somit Sichtbarkeit und auch wirtschaftlichen Gewinn zu ermöglichen, zeigt, dass keine grundlegende Ablehnung der ökonomischen Verwertung existiert. Erwünscht ist dies jedoch ausschließlich unter Berücksichtigung der politischen Selbstverständnisse und Kontexte – und unter Aufrechterhaltung des subversiven Potenzials.

638 Anonym 2019: Facebook-Posting vom 26.06.2019.
639 Ebd.

5. Zwischen Community und Kompetitivität

„Was hat denn wohl ökonomisches Handeln mit Drags und Tunten zu tun?“ Diese Frage wurde in der vorliegenden Arbeit in den Blick genommen. Sie schließt an die zumeist queertheoretischen Auseinandersetzungen mit dem Phänomen Drag an und fokussiert die Forschungslücke, die sich aus der bisher vernachlässigten Betrachtung der ökonomischen Verhältnisse in den Lebensrealitäten von Tunten und Drags ergibt. Da ökonomisches Handeln in kulturelle, soziale und politische Bezüge eingebettet ist und aus ihnen hervorgeht, wurde sowohl das lebensweltliche Wirtschaften als auch das unternehmerische Handeln der Interviewpartner*innen in die Betrachtung integriert.

Auf der Grundlage von sechs narrativen Interviews und unter Hinzunahme weiteren Feldmaterials wurden zunächst die Selbstverständnisse der sich als Tunten oder Drag Queens identifizierenden Interviewpartner*innen rekonstruiert und der Unterschied in den Konzeptualisierungen der beiden Figurationen herausgearbeitet. Dieser manifestiert sich grundsätzlich in der emanzipatorisch-politischen Haltung vieler Tunten, die mitunter durch ihre tuntige Ästhetik das gängige Schönheitsideal durchbrechen und gleichzeitig auf die Konstruktion von hegemonialen Geschlechterrollen hinweisen. Durch das Überschreiten konventioneller gesellschaftlicher Grenzen ergeben sich Freiräume zur Identitätsentfaltung. In Abgrenzung dazu legen die Drag Queens des Samples deutlich mehr Wert auf ein glamouröses Erscheinungsbild, eine möglichst „perfekte Illusion“[640] des Weiblichen und den Aspekt der künstlerischen Unterhaltung. Dabei orientieren sie sich vermehrt an kommerziell erfolgreichen Vorbildern der internationalen Drag-Szene. Allerdings lassen sich keine eindeutigen Grenzen zwischen den jeweiligen Konzeptualisierungen ziehen – die Übergänge gestalten sich fließend. Während vier der Tunten und Drags des Samples Drag überwiegend in der Eigenschaft eines Hobbys verfolgen, bestreitet eine Tunte ihren Lebensunterhalt mittels Drag. Eine weitere Tunte strebt langfristig an, ihren Haupterwerb durch eine ausbildungsbezogene Arbeitsstelle zu sichern, Drag jedoch weiterhin als Nebenerwerbstätigkeit fortzuführen und ihren Bekanntheitsgrad stetig zu steigern.

Im Zuge der ethnographischen Erkundungen wurde der Analysefokus in den weiteren vier Unterkapiteln auf zentrale Themenbereiche des Phänomens Drag gerichtet, in denen sich ökonomisches Handeln identifizieren lässt. Diese Bereiche zeichnen sich durch komplexe Eigenlogiken aus, die unter dem Zugriff auf verschiedene Perspektiven der kulturwissenschaftlichen Forschung zu Ökonomie – vorwie-

640 Interview mit Angelique van Klojten vom 28.02.2019 (1), Z. 100.

gend aus der Ökonomischen Anthropologie sowie der Arbeitskulturenforschung – rekonstruiert wurden.

Zunächst zeichnen sich „klassische" Formen ökonomischen Handelns ab, die sich im Rahmen des kapitalistischen Wirtschaftssystems und im Sinne des Quesnay'schen Wirtschaftszyklus von Produktion, Distribution und Konsum verorten lassen. Der Analysefokus richtete sich insbesondere auf das Konsumverhalten der Tunten und Drags. Denn zu den konstituierenden Praktiken des Drag zählt das gegengeschlechtliche Kleiden, für das ein großes Maß an materiellen Ressourcen – von Schminkartikeln über Perücken bis hin zu Kleidern und High Heels – erforderlich ist. Diese erstehen die Interviewpartner*innen sowohl im Onlinehandel als auch durch den Kauf in lokalen (Fach-)Geschäften. Hierbei sehen sie sich jedoch einigen Herausforderungen ausgesetzt, denen sie mit spezifischen Strategien begegnen. Zum einen stellt die geringe Verfügbarkeit von Kleidung und High Heels in großen Größen ein Problem dar. Die hohen Kosten für Artikel in Übergröße werden über Käufe im Onlinehandel mit entsprechend umfangreicherem Angebot und günstigeren Preisen umgangen. Zum anderen müssen Tunten und Drags ein hohes Maß an Mut und Überwindung aufbringen, um den sozialen Irritationen zu begegnen, die oftmals bei Käufen vermeintlich gegengeschlechtlicher Artikel in lokalen Geschäften erfahren werden. Zu den Strategien im Umgang mit diesen Irritationen zählt das gemeinschaftliche Einkaufen, um sich der Situation nicht allein aussetzen zu müssen, oder auch das Schätzen von Passgrößen und ein Kauf ohne Anprobe. Der Status als von der heteronormativen Ordnung abweichende Konsument*innen hat folglich Einfluss auf die Konsumgewohnheiten der Tunten und Drags.

Ihren Konsumpraktiken ist jedoch auch marktgestalterisches Potenzial inhärent, welches sich in der Existenz von Fachgeschäften wie *Kryolan* (professionelle Theaterschminkprodukte) oder dem Erotik- und Fetischgeschäft *Boutique Bizarre* manifestiert. Tunten und Drags wurden von Seiten der Produzent*innen (im Quesnay'schen Sinne) als relevante Konsument*innen identifiziert und ein entsprechender Markt etablierte sich. Anhand des Kaufes in Fachgeschäften zeigt sich der identitätsstiftende Charakter des Konsumierens, über den die Zugehörigkeit zu einer Gruppe oder auch die Selbstidentifikation gestärkt werden kann.

Neben Praktiken des Direktkaufs (online oder lokal), des Vergleichens oder des Haushaltens nehmen auch Secondhandkäufe und produzierende Do-it-yourself-Praktiken innerhalb der Drag-Szene einen großen Stellenwert ein. Häufig geschieht dies sogar in Kombination – so werden Kleidungsstücke oder Stoffe in Secondhandläden erstanden und anschließend be- oder umgearbeitet. Auf diesem Weg ist es möglich, Kosten einzusparen. Doch die Praktiken lassen sich darüber hinaus auch als Formen alternativen Wirtschaftens identifizieren, die mit Momenten der Selbstermächtigung einhergehen. Durch die selbstständige Weiterverarbeitung der erworbenen Kleidungsstücke oder Stoffe entstehen Unikate, die eine Alternative zu der industriell produzierten Massenware darstellen und die Tunten und Drags vom bestehenden Produktangebot unabhängig machen. Insbesondere Tunten müssen sich nicht an dem begrenzten Angebot des Kleidungsmarkts orientieren, sondern können ihre Kleidung hinsichtlich der oftmals angestrebten tuntigen Ästhetik entsprechend eigenständig gestalten und ihr die gewünschte Optik verleihen. Die Individualisierung der Arbeitsergebnisse steigert den Wiedererkennungswert der Träger*innen. Weiterhin verweist das Endprodukt auf die künstlerischen und handwerklichen Fähigkeiten der Tunten und Drags. Der Stolz auf und die Freude über die Bestätigung ihres Könnens kann zu einer Steigerung des Selbstwertgefühls führen – DIY-Praktiken sind folglich auch identitätsstiftende Praktiken.

Zusätzlich zur Produktion materieller Ressourcen spielt auch der Erwerb immaterieller Ressourcen eine Rolle. Es müssen jedoch auch immaterielle Ressourcen wie Zeit und Arbeitskraft in die Praktiken des Selbermachens investiert werden, um die individuellen Kleidungsstücke zu erstellen. Nahezu beiläufig brechen die Tunten und Drags durch ihre DIY-Praktiken auch an dieser Stelle die hegemonialen Vorstellungen von Geschlechterrollen, die das Nähen und Schneidern nach wie vor zuvorderst als weiblich konnotierte Tätigkeiten verstehen. Insofern ist diesen Formen des alternativökonomischen Handelns auch ein politisches Potenzial inhärent.

Die Formen ökonomischen Handelns, die im Zusammenhang mit den Erkundungen der Rolle der Netzwerke identifiziert wurden, sind der Alternativökonomie zuordenbar. Die Netzwerke sind für viele Tunten und Drags wichtige Bezugspunkte in der Organisation ihrer Lebensrealität und konstitutiver Bestandteil der Drag-Szene. Über Ein- und Ausschlussmechanismen strukturieren sie die Szene und implizieren ordnende Regelsysteme. Betont wurde in diesem Zusammenhang häufig das Narrativ der Familie. Sowohl in loseren Netzwerken wie etwa der Berliner Drag-Szene als auch in dem spezifischen Netzwerk der *Schlösschentunten* stellt die Familienlogik einen zentralen Mechanismus dar. Das auf dem Prinzip der Verwandtschaft beruhende Ordnungssystem integriert Formen ökonomischen Handelns, die in der Alternativökonomie anzusiedeln sind. Im Rahmen des auf dem Prinzip der generalisierten Reziprozität basierenden Tauschsystems werden hauptsächlich immaterielle Ressourcen wie Wissen, Können, Erfahrung und Unterstützung getauscht. Insbesondere in dem in dieser Arbeit prominent angeführten Beispiel des Netzwerkes der *Schlösschentunten* wird das Verwandtschaftsprinzip insofern institutionalisiert, als dass der Zugang zu dem Netzwerk durch ritualisierte Taufzeremonien erlangt wird. Die damit einhergehende Teilhabe an dessen Ressourcen birgt ein enormes Lern- und Entwicklungspotenzial für die einzelnen Tunten und Drags. Im Zuge von Freundschaftsdiensten werden Showauftritte vermittelt, während derer der individuelle Erfahrungsschatz vergrößert und durch Übung auch die Qualität der Performanz gesteigert werden kann.

Innerhalb aller Netzwerkstrukturen der Drag-Szene sind die ausgeprägte Solidarität und das Zusammengehörigkeitsgefühl der jeweiligen Mitglieder dezidiert betonte Qualitäten. Durch das stete Hervorheben dieser Eigenschaften und das Rekurrieren auf das Narrativ der Familie konstituiert sich unter anderem auch ein Schutzraum, in dem sich die Mitglieder von der außerhalb der Netzwerke herrschenden Kompetitivität (beispielsweise um Jobangebote) abzugrenzen suchen.

Des Weiteren wurde bei der Auswertung der Erzählungen evident, dass nicht nur Formen ökonomischen Handelns auftreten, die sich in der Logik des kapitalistischen Wirtschaftssystems oder dessen alternativökonomischen Grenzgebieten verorten. So wurde der Fokus der Erkundungen auch vor dem Hintergrund erweitert, dass nicht alle Tunten und Drags des Samples mit ihrem Tun ihren Lebensunterhalt sichern wollen. Für einige von ihnen steht anstelle der Akkumulation ökonomischen Kapitals der Aspekt der Aufmerksamkeit an erster Stelle. Diese Präferenz schließt an die Leitgedanken des Konzepts des mentalen Kapitalismus an, das von Georg Franck als Konkurrenzkonzept zum materiellen Kapitalismus konzipiert wurde. Ökonomisches Handeln bezieht sich hier auf die Akkumulation der Ressource Aufmerksamkeit in ihren Kapitalsorten Prestige, Reputation, Prominenz und Ruhm. Zu den konkret identifizierbaren Praktiken zählen in diesem Fall vor allem das Netzwerken und die Selbstvermarktung. Angestrebt wird hier bevorzugt die Kontaktaufnahme zu Drags und Tunten, die ihrerseits ein möglichst hohes Maß an Aufmerksamkeit erfahren. Denn in dem Bestreben um einen gewissen Bekanntheitsgrad in der Drag-Szene ist es unumgänglich, Aufmerksamkeit von einem Gegenüber zu erhalten, das selbst über Reputation verfügt. Über die regelmäßige Präsenz bei Szeneveranstaltungen, das Ausüben von Nebenjobs (etwa das Betreuen des Schnapsstands im *SchwuZ*) oder das Absolvieren von Bühnenauftritten steigen die Sichtbarkeit innerhalb der Drag-Szene sowie der Wiedererkennungswert. Zudem eröffnet sich dadurch der Zugang zu den Backstage-Bereichen – ein Ort, an dem sich im Sinne des mentalen Kapitalismus relevante Personen aufhalten, die das persönliche Netzwerk gewinnbringend erweitern können. Da Aufmerksamkeit ein knappes Gut ist, ist das Bemühen um sie kompetitiv geprägt. Die Vergabe von Preisen ist ein Ausdruck für entgegengebrachte Aufmerksamkeit und Anerkennung. Sogar die vermeintlichen Schmähpreise der *Schlösschentunten* sind ein Zeichen des positiven Ausdrucks von Anerkennung. Selbst Leistungen, die sich durch das Gegenteil von Perfektion auszeichnen, werden wohlwollend honoriert. Das Moment der Kompetitivität wird besonders am Beispiel des *MISS*ter CSD Berlin*-Wettbewerbs deutlich. Hier konkurrieren die Teilnehmer*innen unter Einsatz ihres gesamten Leistungsspektrums um den Titel und den einjährigen Status als Repräsentant*in der LSBAT*I*Q-Community. Die Teilnahme an einer solchen *MISS*ter*-Wahl sichert allen Teilnehmer*innen und insbesondere den Sieger*innen ein hohes Maß an Aufmerksamkeit.

Selbstverständlich sind Praktiken des Netzwerkens, der Selbstvermarktung oder die Teilnahme an der *MISS*ter*-Wahl auch außerhalb der Denklogik des mentalen Kapitalismus als Formen ökonomischen Handelns identifizierbar. Denn letztendlich ist Aufmerksamkeit auch ökonomisch verwertbar. So steigert eine gewisse Reputation die Erfolgschancen bei der Bewerbung um Showauftritte, die möglicherweise finanziell vergütet werden. Obwohl etwa Gabys Titelsieg keinen finanziellen Direktgewinn impliziert, steigert er doch ihren Marktwert im ökonomischen Wettbewerbsgefüge. In dem auf ihren Sieg folgenden Amtsjahr erlebte sie eine indirekte Monetarisierung aufgrund von steigenden Buchungsanfragen. Auch weitere immaterielle Ressourcen wie etwa Erfahrung, Wissen, Gruppenzugehörigkeit – oder im Sinne Bourdieus: soziales und kulturelles Kapital – die im Teilnahmeprozess der *MISS*ter*-Wahl oder auch im Kontext der Netzwerke akkumuliert werden – können in ökonomisches Kapital konvertiert werden.

Letztendlich führten die Erkundungen zu dem Spannungsfeld von Kreativität und Ökonomie. Es zeigt sich, dass sich in dem Tun einiger Tunten und Drags des Samples Elemente des Leitbilds des unternehmerischen Selbst finden. Grundlegend hierfür ist die Verschmelzung von Selbstverwirklichung und unternehmerischem Handeln. Praktiken der Selbstvermarktung, des Netzwerkens, die Arbeit am eigenen Wiedererkennungswert, das Bemühen um Aufmerksamkeit und Reputation oder auch Praktiken der Selbstoptimierung sind konstitutive Bestandteile des Leitbilds. Die Tunten und Drags des Samples haben die Handlungslogik des Leitbilds jedoch keinesfalls vollständig adaptiert und weisen deutliche Widerständigkeiten auf. So reflektieren einige von ihnen den mit der Verwertung ihrer künstlerischen Produktion einhergehenden Leistungsdruck. Sie widersetzen sich diesen Strukturzwängen, indem sie die Gemeinschaftsorientierung und ihre persönliche Entfaltung dem ökonomischen Gewinn vorziehen. Die Handlungslogik des unternehmerischen Selbst steht in zu großem Gegensatz zu den Selbstverständnissen und Lebensentwürfen der Tunten und Drags.

Auch den zunehmenden Kommerzialisierungstendenzen der Drag-Szene stehen die Tunten und Drags des Samples in ambivalenter Haltung gegenüber. So wird die vermehrte Sichtbarkeit der Szene zwar begrüßt, doch die steigende Konkurrenz sowie die Anpassung des künstlerischen Schaffens an ökonomische Verwertungslogiken (z. B. die Orientierung an den Bedürfnissen des Zielpublikums) werden aus Sorge um den Verlust von Freiräumen und subversivem Potenzial abgelehnt.

Insgesamt lassen sich Dimensionen ökonomischen Handelns in vielfältigen Erscheinungsformen in den Lebensrealitäten der befragten Tunten und Drags identifizieren, die in diverse kulturelle und soziale Kontexte eingebunden sind. Die Zusammenhänge erweisen sich als äußerst komplex und stets zwischen den Polen des kompetitiven Eigeninteresses und der Gemeinschaftsorientierung oszillierend. Aufgrund der limitierenden Faktoren, die eine Masterarbeit prägen, musste ich im wahrsten Sinne des Wortes – und im Kontext des Forschungsinteresses der vorliegenden Arbeit doppeldeutig – forschungsökonomisch denken und mich in Form der ethnographischen Erkundungen auf die zentralen Felder, in denen sich ökonomisches Handeln situiert, fokussieren. Ein Anspruch auf Vollständigkeit der Darstellungen wird daher nicht gestellt. Vielmehr sollen die präsentierten Ergebnisse als Einblick in die Lebenswelten der Tunten und Drags und als Beitrag zur wissenschaftlichen Auseinandersetzung mit der Drag-Szene verstanden sein.

Grundsätzlich basieren sämtliche Erkenntnisse auf den Erzählungen der sechs Interviewpartner*innen. Auf Basis dieses Materialumfangs kann lediglich ein Ausschnitt aus den Lebensweisen von Drag Queens und Tunten betrachtet werden. Es handelt sich um nicht repräsentative Momentaufnahmen, da nicht über einen längeren Zeitraum hinweg geforscht oder wiederholt mit denselben Interviewpartner*innen gesprochen werden konnte. Zudem erhielt ich durch den Fokus auf die narrativen Interviews wenig Einblicke in die tatsächlich gelebte Lebensrealität meiner Gesprächspartner*innen. Erzählungen von Interviewpartner*innen sind stets subjektiv und ihre Aussagen können je nach Gegenüber und Aussagewunsch – bewusst wie unbewusst – von der tatsächlichen Lebensrealität abweichen. Insbesondere das wiederholte Hinweisen auf den familiären Charakter und das Ausbleiben von Kompetitivität innerhalb der Drag-Szene kann ein Zeichen für positivierende Selbstdarstellungen sein. Dies fällt umso deutlicher ins Auge, da an anderen Stellen im Zusatzmaterial auf „Stutenbissigkeiten“[641] beispielsweise aufgrund des kleinen Job-Marktes hingewiesen wird. Daher wäre es für anschließende Forschungen wichtig, das Interviewmaterial um weiteres Material zu ergänzen, das aus zusätzlichen Feldaufenthalten etwa in Form von teilnehmenden Beobachtungen bei Szeneveranstaltungen zu erheben wäre. So würden detailliertere Einblicke in die tatsächlichen Abläufe beispielsweise der Drag-Shows oder der *MISS*ter*-Wahl und die Interaktionen zwischen den einzelnen Drags und Tunten ermöglicht.

In der vorliegenden Arbeit wird ein Spektrum von Erscheinungen und Lesarten von Formen ökonomischen Handelns präsentiert. Die Breite der Ergebnisse resultiert unter anderem aus der Heterogenität des Samples. Es inkludiert Tunten und Drags, die mittels Drag ihren Lebensunterhalt sichern wollen, ebenso wie Tunten und Drags, die Drag als Hobby definieren und sich nur wenige Male im Jahr auffummeln. Diese Heterogenität ist hinsichtlich der Darstellung der Vielfalt von Selbstverständnissen und Ansprüchen der Tunten und Drags äußerst gewinnbringend. Um jedoch vertiefende Ergebnisse zu erzielen, ist es angezeigt, den Fokus spezifischer zu setzen. Ein vielversprechendes und gesellschaftlich hochrelevantes Forschungsziel wäre beispielsweise eine vertiefende Untersuchung der Formen des ökonomischen Handelns vor dem Hintergrund des postfordistischen Arbeitsstrukturenwan-

641 Castell 2007, S. 138.

dels. Hier wäre es nötig, ein größeres Sample zu erstellen und nur Tunten und Drags in dieses aufzunehmen, die Drag als (Haupt-)Erwerbsarbeit ausüben. Weiterhin wäre ein Sample mit einem erweiterten Altersspektrum und einer größeren Varianz in den bereits erlebten „Berufsjahren" vielversprechend. So könnte untersucht werden, inwiefern sich das Verständnis von Arbeit und die Arbeitsrealitäten der einzelnen Tunten und Drags im Verlauf der letzten Dekaden gewandelt haben und inwiefern sich dies in den Selbstverständnissen widerspiegelt.

Literatur- und Quellenverzeichnis

Literatur

Aichberger, Muriel (2018): Tuntige Ästhetik – Performativer Widerstand. In: Folke Brodersen/Nerea Discher/Frederica Guccini/Karsten Spindler/Verena Wetzel (Hg.): drag it! Geschlecht umreißen, Ordnungen durchkreuzen, Drag erleben. Dossier der Heinrich-Böll-Stiftung, S. 46–51. URL: https://www.gwi-boell.de/sites/default/files/e-paper_-_drag_it.pdf.pdf [13.10.2019].

Althans, Birgit/Audehm, Kathrin/Binder, Beate/Ege, Moritz/Färber, Alexa (Hg.) (2008): Kreativität. Eine Rückrufaktion (= Zeitschrift für Kulturwissenschaften, Heft 1). Bielefeld.

Appadurai, Arjun (1999 [1986]): Introduction. Commodities and the Politics of Value. In: ders. (Hg.): The Social Life of Things. Commodities in Cultural Perspective. Cambridge, S. 3–63.

Balzer, Carsten (2007a): Gender – Outlaw – Triptychon. Eine ethnologische Studie zu Selbstbildern und Formen der Selbstorganisation in den Transgender-Subkulturen Rio de Janeiros, New Yorks und Berlins. Dissertation, Phil., Berlin. URL: https://d-nb.info/1023328550/34 [19.08.2019].

Balzer, Carsten (2007b): Gelebte Heteronormativitätskritik: Tunten in Berlin zwischen schwulenpolitischem und transgenderpolitischem Selbstverständnis. In: Liminalis – Die Zeitschrift für geschlechtliche Emanzipation und Widerstand 2007, S. 44–58. URL: https://cdn.atria.nl/ezines/web/Liminalis/2009/liminalis/Liminalis2007_balzer_tunten.pdf [19.08.2019].

Berghoff, Hartmut/Vogel, Jakob (Hg.) (2004): Wirtschaftsgeschichte als Kulturgeschichte. Dimensionen eines Perspektivenwechsels. Frankfurt am Main.

Berkowitz, Dana/Belgrave, Linda (2010): „She Works Hard for her Money“: Drag Queens and the Management of Their Contradictory Status of Celebrity and Marginality. In: Journal of Contemporary Ethnography 39 (2), S. 15–186. URL: https://www.researchgate.net/publication/240706186_She_Works_Hard_for_the_Money_Drag_Queens_and_the_Management_of_Their_Contradictory_Status_of_Celebrity_and_Marginality [10.10.2019].

Berkowitz, Dana/Belgrave, Linda/Halberstein, Robert (2007): The Interaction of Drag Queens and Gay Men in Public and Private Spaces. In: Journal of Homosexuality 52 (3/4), S. 11–32. URL: https://www.researchgate.net/publication/6242436_The_Interaction_of_Drag_Queens_and_Gay_Men_in_Public_and_Private_Spaces [10.10.2019].

Bernardy, Jörg (2014): Aufmerksamkeit als Kapital. Formen des mentalen Kapitalismus. Marburg.

Boltanski, Luc/Chiapello, Eve (2006): Der neue Geist des Kapitalismus. Konstanz.

Bourdieu, Pierre (1983): Ökonomisches Kapital, kulturelles Kapital, soziales Kapital. In: Reinhard Kreckel (Hg.): Soziale Ungleichheiten. Göttingen, S. 183–198.

Braun, Karl/Dieterich, Claus-Marco/Moser, Johannes/Schönholz, Christian (Hg.) (2019): Wirtschaften. Kulturwissenschaftliche Perspektiven (= Online-Schriften aus der Marburger kulturwissenschaftlichen Forschung und Europäischen Ethnologie, Sonderband 1). Marburg.

Breuer, Franz/Muckel, Petra/Dieris, Barbara (2019): Reflexive Grounded Theory. Eine Einführung für die Forschungspraxis. 4. Aufl. Wiesbaden.

Brodersen, Folke/Discher, Nerea/Guccini, Frederica/Spindler, Karsten/Wetzel, Verena (Hg.) (2018): drag it! Geschlecht umreißen, Ordnungen durchkreuzen, Drag erleben. Dossier der Heinrich-Böll-Stiftung. URL: https://www.gwi-boell.de/sites/default/files/e-paper_-_drag_it.pdf.pdf [13.10.2019].

Bröckling, Ulrich (2007): Das unternehmerische Selbst. Soziologie einer Subjektivierungsform. Frankfurt am Main.

Bürkert, Karin (2019): Wo Kunst Stadt findet – Container als Ressource, Aufwendung und Argument. In: Karl Braun/Claus-Marco Dieterich/Johannes Moser/Christian Schönholz (Hg.): Wirtschaften. Kulturwissenschaftliche Perspektiven. Marburg, S. 622–633.

Butler, Judith (1997): Körper von Gewicht. Die diskursiven Grenzen des Geschlechts. Frankfurt am Main.

Butler, Judith (1996): Imitation und die Aufsässigkeit der Geschlechtsidentität. In: Sabine Hark (Hg.): Grenzen lesbischer Identitäten. Berlin, S. 15–37.

Butler, Judith (1991): Das Unbehagen der Geschlechter. Frankfurt am Main.

Carrier, James G. (2004 [1996]): Consumption. In: Alan Barnard/Jonathan Spencer (Hg.): Encyclopedia of Social and Cultural Anthropologie. London/New York, S. 128–129.

Cohn, Miriam (2014): Teilnehmende Beobachtung. In: Christine Bischoff/Karoline Oehme-Jüngling/Walter Leimgruber (Hg.): Methoden der Kulturanthropologie. Bern, S. 71–85.

Dabringer, Maria (2017): Konsumanthropologie. Zur Verortung einer wirtschaftsethnologischen Perspektive. In: Gertraud Seiser (Hg.): Ökonomische Anthropologie. Einführung und Fallbeispiele. Wien, S. 86–126.

Dannecker, Martin (2012): Gegen die Verleugnung der Differenzen. In: Andreas Pretzel/Volker Weiß (Hg.): Rosa Radikale. Die Schwulenbewegung der 1970er Jahre (= Edition Waldschlösschen, Band 12). Hamburg, S. 29–32.

Dannecker, Martin/Reiche, Reimut (1974): Der gewöhnliche Homosexuelle: Eine soziologische Untersuchung über männliche Homosexuelle in der Bundesrepublik. Frankfurt am Main.

Degele, Nina (2005): Heteronormativität entselbstverständlichen. Zum verunsichernden Potenzial von Queer Studies. In: FZG – Freiburger Zeitschrift für GeschlechterStudien 17, S. 15–39. URL: https://budrich-journals.de/index.php/fgs/article/download/8724/7608 [13.10.2019].

Dietz, Melanie (2017): Die performative Darstellung der Geschlechterbilder anhand von Drag Kings und Drag Queens. In: forsch! Studentisches Online-Journal der Universität Oldenburg, S. 139–151. URL: https://openjournal.uni-oldenburg.de/index.php/forsch/article/download/168/81 [13.10.2019].

Dobeneck, Florian v./Zinn-Thomas, Sabine (2014): Statusunterschiede im Forschungsprozess. In: Christine Bischoff/Karoline Oehme-Jüngling/Walter Leimgruber (Hg.): Methoden der Kulturanthropologie. Bern, S. 86–100.

Dobler, Jens/Rimmele, Harald (2008): Schwulenbewegung. In: Roland Roth/Dieter Rucht (Hg.): Die Sozialen Bewegungen in Deutschland seit 1945. Ein Handbuch. Frankfurt am Main, S. 541–556.

Dolan, Jill (1985): Gender impersonation onstage: Destroying or maintaining the mirror of gender roles? In: Women and Performance: A Journal of Feminist Theory 2 (2), S. 5–11. URL: https://www.tandfonline.com/doi/abs/10.1080/07407708508571080 [10.10.2019].

Duden, Barbara (1991): Geschichte unter der Haut. Ein Eisenacher Arzt und seine Patientinnen um 1730. Stuttgart.

Eggmann, Sabine (2019): Unternehmen Laienchor – zur Ökonomisierung des Singens? In: Karl Braun/Claus-Marco Dieterich/Johannes Moser/Christian Schönholz (Hg.): Wirtschaften. Kulturwissenschaftliche Perspektiven. Marburg, S. 461–468.

Florida, Richard (2003): Cities and the Creative Class. In: City & Community 2 (1), S. 3–19. URL: https://creativeclass.com/rfcgdb/articles/4%20Cities%20and%20the%20Creative%20Class.pdf [10.10.2019].

Franck, Georg (1998): Ökonomie der Aufmerksamkeit. Ein Entwurf. München.

Friedreich, Sönke (2008): Autos bauen im Sozialismus. Arbeit und Organisationskultur in der Zwickauer Automobilindustrie nach 1945. Leipzig.

Garfinkel, Harold (1967): Studies in Ethnomethodology. Englewood Cliffs.

Gennep v., Arnold (1986): Übergangsriten. Frankfurt am Main.

Glauser, Laura (2016): Das Projekt des unternehmerischen Selbst. Eine Feldforschung in der Coachingzone. Bielefeld.

Götzö, Monika (2014): Theoriebildung nach Grounded Theory. In: Christine Bischoff/Karoline Oehme-Jüngling/Walter Leimgruber (Hg.): Methoden der Kulturanthropologie. Bern, S. 444–458.

Grau, Günter (Hg.) (2004): Homosexualität in der NS-Zeit: Dokumente einer Diskriminierung und Verfolgung. 2. Aufl. Frankfurt am Main.

Griffiths, Craig (2012): Konkurrierende Pfade der Emanzipation. Der Tuntenstreit (1973–1975) und die Frage des „respektablen Auftretens". In: Andreas Pretzel/Volker Weiß (Hg.): Rosa Radikale. Die Schwulenbewegung der 1970er Jahre (= Edition Waldschlösschen, Band 12). Hamburg, S. 143–159.

Gruhn, Laura (2019): Ethik-Konsum. Empirische Annäherungen auf drei analytischen Spuren. In: Karl Braun/Claus-Marco Dieterich/Johannes Moser/Christian Schönholz (Hg.): Wirtschaften. Kulturwissenschaftliche Perspektiven. Marburg, S. 213–222.

Haase, Matthias (2005): Einleitung: The Places That We Love Best. In: Matthias Haase/Marc Siegel/Michaela Wünsch (Hg.): Outside. Die Politik queerer Räume. Berlin, S. 7–12.

Halberstam, Judith (1998): Female Macsulinity. Durham.

Hann, Chris/Hart, Keith (2011): Economic Anthropology. Cambridge.

Hark, Sabine (1998): Parodistischer Ernst und politisches Spiel: Zur Politik in der Geschlechter-Parodie. In: Antje Hornscheidt/Gabriele Jähnert/Annette Schlichter (Hg.): Kritische Differenzen – geteilte Perspektiven. Zum Verhältnis von Feminismus und Postmoderne. Wiesbaden, S. 115–139.

Haunss, Sebastian (2012): Von der sexuellen Befreiung zur Normalität. Das Ende der zweiten deutschen Schwulenbewegung. In: Andreas Pretzel/Volker Weiß (Hg.): Rosa Radikale. Die Schwulenbewegung der 1970er Jahre (= Edition Waldschlösschen, Band 12). Hamburg, S. 199–212.

Haunss, Sebastian (2004): Identität in Bewegung. Prozesse kollektiver Identität bei den Autonomen und in der Schwulenbewegung. Wiesbaden.

HAW (= Homosexuelle Aktion Westberlin) (1971): HAW INFO 1 (Februar 1971). Archiv des Schwulen Museums. Berlin.

Heckl, Wolfgang (2013): Die Kultur der Reparatur. München.

Herlyn, Gerrit/Müske, Johannes/Schönberger, Klaus/Sutter, Ove (2009): Arbeit und Nicht-Arbeit. Entgrenzungen und Begrenzungen von Lebensbereichen und Praxen. München/Mering.

Herrmann, Steffen K. (2007): Bühne und Alltag. Über zwei Existenzweisen des Drag. In: Pia Thilmann/Tania Witte/Ben Rewald (Hg.): Drag Kings. Mit Bartkleber gegen das Patriarchat. Berlin, S. 115–131.

Herzfeld, Michael (2006): Anthropology. Theoretical Practice in Culture and Society. 5. Aufl. Malden.

Hess, Sabine (2005): Globalisierte Hausarbeit. Au-pair als Migrationsstrategie von Frauen aus Osteuropa. Wiesbaden.

Hinzler, Ronald/Bucher, Thomas/Niederbacher, Arne (2001): Leben in Szenen. Formen jugendlicher Vergemeinschaftung heute. Opladen.

Hirschauer, Stefan (2001): Das Vergessen des Geschlechts. Zur Praxeologie einer Kategorie sozialer Ordnung. In: Bettina Heintz (Hg.): Geschlechtersoziologie. Wiesbaden, S. 208–235.

Hofstetter, Ariane (2006): Brodowin: Tourismuskonzepte zwischen Ökologie und Ökonomie. In: Leonore Scholze-Irrlitz (Hg.): Aufbruch im Umbruch. Das Dorf Brodowin zwischen Ökologie und Ökonomie (= Berliner Blätter 40, Sonderheft). Münster, S. 111–121.

Hohnsträter, Dirk (Hg.) (2016): Konsum und Kreativität. Bielefeld.

Holy, Michael (2012): Jenseits von Stonewall. Rückblicke auf die Schwulenbewegung in der BRD 1969–1980. In: Andreas Pretzel/Volker Weiß (Hg.): Rosa Radikale. Die Schwulenbewegung der 1970er Jahre (= Edition Waldschlösschen, Band 12). Hamburg, S. 39–79.

Huber, Laila Lucie (2018): Kreativität und Teilhabe in der Stadt. Initiativen zwischen Kunst und Politik in Salzburg. Bielefeld.

Hutcheon, Linda (1985): A Theory of Parody: The Teachings of Twentieth Century Art Forms. New York.

Jellonnek, Burkhard/Lautmann, Rüdiger (Hg.) (2002): Nationalsozialistischer Terror gegen Homosexuelle. Verdrängt und ungesühnt. Paderborn.

Joas, Hans (1996): Die Kreativität des Handelns. Frankfurt am Main.

Kaschuba, Wolfgang (2012): Einführung in die Europäische Ethnologie. 4., akt. Aufl. München.

Klaum, Ulli/Munz, Martin (Hg.) (2013): Bund Lesbischer und Schwuler JournalistInnen – Schöner Schreiben über Lesben und Schwule. Ein kollegialer Leitfaden für Journalistinnen und Journalisten (= Edition Waldschlösschen Materialien, Heft 15). Göttingen.

Klein, Inga/Windmüller, Sonja (Hg.) (2014): Kultur der Ökonomie. Zur Materialität und Performanz des Wirtschaftlichen. Bielefeld.

Knoblauch, Hubert (1997): Zwischen den Geschlechtern? In-Szenierung, Organisation und Identität des Transvestismus. In: Stefan Hirschauer/Klaus Amann (Hg.): Die Befremdung der eignen Kultur. Zur ethnographischen Herausforderung soziologischer Empirie. Frankfurt am Main, S. 84–114.

Koch, Gertraud/Näser-Lather, Marion (2019): Einleitung. In: Karl Braun/Claus-Marco Dieterich/Johannes Moser/Christian Schönholz (Hg.): Wirtschaften. Kulturwissenschaftliche Perspektiven. Marburg, S. 415–420.

Kott, Johanna (2011): Kultur-Wirtschaft-Kreativität. Kultur- und Kreativwirtschaft in Nordrhein-Westfalen und Creative Industrie in den Niederlanden (= Niederlande-Studien. Kleine Schriften, Band 16). Münster.

Kraemer, Klaus (2003): Konsum als Teilhabe an der materiellen Kultur. In: Gerhard Scherhorn/Christoph Weber (Hg.): Nachhaltiger Konsum. Auf dem Weg zur gesellschaftlichen Verankerung. München, S. 55–62.

Kraushaar, Elmar (1997): Hundert Jahre schwul. Eine Revue. Berlin.

Kuhn, Konrad (2019): Fairer Handel und Do-it-Yourself als Zukunftspraxen. Perspektiven auf Bedeutungen und Praktiken „alternativen Wirtschaftens“. In: Karl Braun/Claus-Marco Dieterich/Johannes Moser/Christian Schönholz (Hg.): Wirtschaften. Kulturwissenschaftliche Perspektiven. Marburg, S. 223–233.

Langreiter, Nikola (2017): „Weibliches“ Handarbeiten – (anti)feministisch!? In: Nikola Langreiter/Klara Löffler (Hg.): Selber machen. Diskurse und Praktiken des „Do it yourself“. Bielefeld, S. 329–345.

Langreiter, Nikola (2016): Radikal und revolutionär – mit Nadel und Faden? In: Dorothee Pesch (Hg.): Do it yourself – Mach’s doch selber! (= Schriftenreihe der Museen des Bezirks Schwaben, Band 54). Oberschönenfeld, S. 69–77.

Langreiter, Nikola/Löffler, Klara (2017): Do it! Yourself? Fragen zu (Forschungs-)Praktiken des Selbermachens. In: dies. (Hg.): Selber machen. Diskurse und Praktiken des „Do it yourself“. Bielefeld, S. 7–13.

Leipold, Kathrin (2015): Spaziergen gehen. Zur Verschränkung von Landschaft, Kunst und Emotionen als möglicher Erweiterung kulturanthropologischer Forschung. In: Katrin Amelang/Silvy Chakkalakal (Hg.): Abseitiges. An den Rändern der Kulturanthropologie (= Berliner Blätter, Heft 68). Berlin, S. 92–103.

Lévi-Strauss, Claude (1984): Die elementaren Strukturen der Verwandtschaft. 2. Aufl. Frankfurt am Main.

Lindemann, Gesa (1993): Das paradoxe Geschlecht. Transsexualität im Spannungsfeld von Körper, Leib und Gefühl. Frankfurt am Main.

Lindner, Rolf (2003): Vom Wesen der Kulturanalyse. In: Zeitschrift für Volkskunde 99, S. 177–188.

Lindner, Rolf (2001): Von der Feldforschung zur Feld-Forschung. In: Klara Löffler (Hg.): Dazwischen: Zur Spezifik der Empirien in der Volkskunde. Wien, S. 13–16.

Marcus, George E. (1995): Ethnography in/of the World System: The Emergence of Multi-Sited Ethnography. In: Annual Review of Anthropology 24, S. 95–117.

May, Sarah (2019): Handelsnetz Holz. Transformationsprozesse im Interessensfeld Holz und Handwerk. In: Karl Braun/Claus-Marco Dieterich/Johannes Moser/Christian Schönholz (Hg.): Wirtschaften. Kulturwissenschaftliche Perspektiven. Marburg, S. 634–644.

Meyer, Silke (2017): Das verschuldete Selbst. Narrativer Umgang mit Privatinsolvenz. Frankfurt am Main.

Meyer, Silke (2014): „Mehr braucht’s ja nicht.“ Kapitalsorten und ihre Konvertierung. In: Inga Klein/Sonja Windmüller (Hg.): Kultur der Ökonomie. Zur Materialität und Performanz des Wirtschaftlichen. Bielefeld, S. 131–148.

Namaste, Ki (1996): „Tragic Misreadings“: Queer Theory’s erasure of Transgender Subjectivity. In: Brett Beemyn/Mickey Eliason (Hg.): Queer Studies. A Lesbian, Gay, Bisexual, and Transgender Anthology. New York/London, S. 183–203.

Newton, Esther (1972): Mother Camp: Female Impersonators in America. Chicago.

Pesch, Dorothee (2016): Selbermachen – Von der notwendigen Pflicht zur erfüllenden Freizeitbeschäftigung. In: dies. (Hg.): Do it yourself – Mach’s doch selber! (= Schriftenreihe der Museen des Bezirks Schwaben, Band 54). Oberschönenfeld, S. 8–19.

Polanyi, Karl (1978 [1944]): The Great Transformation. Politische und ökonomische Ursprünge von Gesellschaften und Wirtschaftssystemen. Frankfurt am Main.

Pretzel, Andreas/Weiß, Volker (2012): Die westdeutsche Schwulenbewegung der 1970er Jahre. Annäherungen an ein legendäres Jahrzehnt. In: dies. (Hg.): Rosa Radikale. Die Schwulenbewegung der 1970er Jahre (= Edition Waldschlösschen, Band 12). Hamburg, S. 9–28.

Rauscher, Anton (Hg.) (2008): Handbuch der Katholischen Soziallehre. Im Auftrag der Görres-Gesellschaft zur Pflege der Wissenschaft und der Katholischen Sozialwissenschaftlichen Zentralstelle. Berlin.

Reckwitz, Andreas (2016): Kreativität und soziale Praxis. Studien zur Sozial- und Gesellschaftstheorie. Bielefeld.

Reckwitz, Andreas (2014): Die Erfindung der Kreativität. Zum Prozess gesellschaftlicher Ästhetisierung. 4. Aufl. Berlin.

Reuter, Eva (2018): Grenzen der Performativität. In: Folke Brodersen/Nerea Discher/Frederica Guccini/Karsten Spindler/Verena Wetzel (Hg.): drag it! Geschlecht umreißen, Ordnungen durchkreuzen, Drag erleben. Dossier der Heinrich-Böll-Stiftung, S. 40–45. URL: https://www.gwi-boell.de/sites/default/files/e-paper_-_drag_it.pdf.pdf [13.10.2019].

Richard, Birgit/Ruhl, Alexander (Hg.) (2008): Konsumguerilla: Widerstand gegen Massenkultur? Frankfurt am Main.

Ronge, Bastian (2016): Solidarische Ökonomie als Lebensform. Eine theoretische Skizze. In: ders. (Hg.): Solidarische Ökonomie als Lebensform. Berliner Akteure des alternativen Wirtschaftens im Portrait. Bielefeld, S. 7–26.

Rupp, Leila J./Taylor, Verta/Shapiro, Eve (2010): Drag Queens and Drag Kings: The Difference Gender Makes. In: Sexualities 13 (3), S. 275–294. URL: https://www.researchgate.net/publication/249719776_Drag_Queens_and_Drag_Kings_The_Difference_Gender_Makes [10.10.2019].

Sahlins, Marshall (1972): Stone Age Economics. Chicago/New York.

Salmen, Andreas/Eckert, Albert (1988): Die neue Schwulenbewegung in der Bundesrepublik Deutschland zwischen 1971 und 1987. Verlauf und Themen. In: Forschungsjournal Neue Soziale Bewegungen 2, S. 25–32.

Schacht, Stephen P./Underwood, Lisa (2004): The absolutely fabulous but flawlessly customary world of female impersonators. In: Journal of Homosexuality 46 (3/4), S. 1–17.

Schirmer, Uta (2010): Geschlecht anders gestalten. Drag Kinging, geschlechtliche Selbstverhältnisse und Wirklichkeiten. Bielefeld.

Schmidt-Lauber, Brigitta (2007): Das qualitative Interview oder: Die Kunst des Reden-Lassens. In: Silke Göttsch/Albrecht Lehmann (Hg.): Methoden der Volkskunde. Positionen, Quellen, Arbeitsweisen der Europäischen Ethnologie. 2., überarb. u. erw. Aufl. Berlin, S. 169–188.

Schönberger, Klaus (2007): Widerständigkeit der Biografie. Zu den Grenzen der Entgrenzung neuer Konzepte alltäglicher Lebensführung im Übergang vom fordistischen zum postfordistischen Arbeitsparadigma. In: Manfred Siefert/Irene Götz/Birgit Huber (Hg.): Flexible Biografien? Horizonte und Brüche im Arbeitsleben der Gegenwart. Frankfurt am Main, S. 63–94.

Schuster, Nina (2010): Andere Räume: Soziale Praktiken der Raumproduktion von Drag Kings und Transgender. Bielefeld.

Schwartz, Michael (Hg.) (2014): Homosexuelle im Nationalsozialismus. Neue Forschungsperspektiven zu Lebenssituationen von lesbischen, schwulen, bi-, trans- und intersexuellen Menschen 1933 bis 1945 (= Zeitgeschichte im Gespräch, Band 18). München.

Seeck, Francis (2018): Warum Drag? Normen der Zweigeschlechtlichkeit in Frage stellen. In: Folke Brodersen/Nerea Discher/Frederica Guccini/Karsten Spindler/Verena Wetzel (Hg.): drag it! Geschlecht umreißen, Ordnungen durchkreuzen, Drag erleben. Dossier der Heinrich-Böll-Stiftung, S. 70–75. URL: https://www.gwi-boell.de/sites/default/files/e-paper_-_drag_it.pdf.pdf [13.10.2019].

Seifert, Manfred (2019): Zur Un-Ordnung der Kulturen des Wirtschaftens. Über die Ökonomie als Forschungsfeld. In: Karl Braun/Claus-Marco Dieterich/Johannes Moser/Christian Schönholz (Hg.): Wirtschaften. Kulturwissenschaftliche Perspektiven. Marburg, S. 169–184.

Seifert, Manfred (Hg.) (2014): Die mentale Seite der Ökonomie: Gefühle und Empathie im Arbeitsleben. Dresden.

Seiser, Gertraud (Hg.) (2017): Ökonomische Anthropologie. Einführungen und Fallbeispiele. Wien.

Seiser, Gertraud (2017a): Ökonomische Anthropologie: Eine Einführung. In: dies. (Hg.): Ökonomische Anthropologie. Einführung und Fallbeispiele. Wien, S. 11–22.

Seiser, Gertraud (2017b): Eine knappe Theoriegeschichte der Ökonomischen Anthropologie. In: dies. (Hg.): Ökonomische Anthropologie. Einführung und Fallbeispiele. Wien, S. 23–53.

Seiser, Gertraud/Thalhammer, Martin (2017): Von der Produktion zum Austausch: Begriffe und Konzepte der Ökonomischen Anthropologie begreifen. In: Gertraud Seiser (Hg.): Ökonomische Anthropologie. Einführung und Fallbeispiele. Wien, S. 56–85.

Shapiro, Eve (2007): Drag Kinging and the transformations of gender identities. In: Gender & Society 21, S. 250–271. URL: https://journals.sagepub.com/doi/10.1177/0891243206294509 [10.10.2019].

Sontag, Susan (1964): Notes on „Camp“. URL: https://monoskop.org/images/5/59/Sontag_Susan_1964_Notes_on_Camp.pdf [12.06.2019].

Spahn, Annika (2018): Glossar. In: dies./Juliette Wedl (Hg.): Schule lehrt/lernt Vielfalt. Praxisorientiertes Basiswissen und Tipps für Homo-, Bi-, Trans- und Inter*freundlichkeit in der Schule (= Edition Waldschlösschen Materialien, Heft 18). Göttingen, S. 234–242.

Spahn, Annika/Wedl, Juliette (Hg.) (2018): Schule lehrt/lernt Vielfalt. Praxisorientiertes Basiswissen und Tipps für Homo-, Bi-, Trans- und Inter*freundlichkeit in der Schule (= Edition Waldschlösschen Materialien, Heft 18). Göttingen.

Spiegel, Beate (2016): Vorwort. In: Dorothee Pesch (Hg.): Do it yourself – Mach's doch selber! (= Schriftenreihe der Museen des Bezirks Schwaben, Band 54). Oberschönenfeld, S. 6f.

Spiritova, Marketa (2014): Narrative Interviews. In: Christine Bischoff/Karoline Oehme-Jüngling/Walter Leimgruber (Hg.): Methoden der Kulturanthropologie. Bern, S. 117–130.

Spittler, Gerd (2002): Globale Waren – Lokale Aneignungen. In: Brigitta Hauser-Schäublin/Ulrich Braukämper (Hg.): Ethnologie der Globalisierung. Perspektiven kultureller Verflechtungen. Berlin, S. 15–30.

Strauss, Anselm/Corbin, Juliet (1996): Grounded Theory: Grundlagen Qualitativer Sozialforschung. Weinheim.

Tauschek, Markus (2015): Knappheit, Mangel, Überfluss – Kulturanthropologische Positionen. Zur Einleitung. In: ders./Maria Grewe (Hg.): Knappheit, Mangel, Überfluss. Kulturwissenschaftliche Positionen zum Umgang mit begrenzten Ressourcen. Frankfurt am Main/New York, S. 9–34.

Tauschek, Markus (2013): Zur Kultur des Wettbewerbs. Eine Einführung. In: ders. (Hg.): Kulturen des Wettbewerbs. Formationen kompetitiver Logiken. Münster, S. 7–36.

Tauschek, Markus/Grewe, Maria (Hg.) (2015): Knappheit, Mangel, Überfluss. Kulturwissenschaftliche Positionen zum Umgang mit begrenzten Ressourcen. Frankfurt am Main/New York.

Tauschek, Markus/Wolff, Eberhard (2019): Die Ökonomisierung des Selbst – einleitende Bemerkungen. In: Karl Braun/Claus-Marco Dieterich/Johannes Moser/Christian Schönholz (Hg.): Wirtschaften. Kulturwissenschaftliche Perspektiven. Marburg, S. 448 f.

Taylor, Verta/Rupp, Leila J. (2004): Chicks with dicks, men in dresses: What it means to be a drag queen. In: Journal of Homosexuality 46 (3/4), S. 113–133. URL: https://www.researchgate.net/publication/8574226_Chicks_with_Dicks_Men_in_Dresses_What_It_Means_to_Be_a_Drag_Queen [10.10.2019].

Taylor, Verta/Rupp, Leila J./Gamson, Joshua (2005): Performing Protest: Drag shows as tactical repertoires of the gay and lesbian movement. In: Research in Social Movements, Conflict and Change 25, S. 105–137. URL: https://www.researchgate.net/publication/235305388_Performing_Protest_Drag_Shows_As_Tactical_Repertoire_of_the_Gay_and_Lesbian_Movement [10.10.2019].

Turner, Victor (2006): Das Ritual. Struktur und Anti-Struktur. Neuaufl. Frankfurt am Main.

Weber-Kellermann, Ingeborg (1996): Die Familie: Eine Kulturgeschichte der Familie. Frankfurt am Main.

Welz, Gisela (2015): Knappheit – eine anthropologische Kategorie? In: Markus Tauschek/Maria Grewe (Hg.): Knappheit, Mangel, Überfluss. Kulturwissenschaftliche Positionen zum Umgang mit begrenzten Ressourcen. Frankfurt am Main/New York, S. 35–56.

Welz, Gisela (1998): Moving Targets. Feldforschung unter Mobilitätsdruck. In: Zeitschrift für Volkskunde 94, S. 177–194.

West, Candace/Zimmermann, Don H. (1987): Doing Gender. In: Gender and Society 1 (2), S. 125–151. URL: https://www.gla.ac.uk/0t4/crcees/files/summerschool/readings/WestZimmerman_1987_DoingGender.pdf [10.10.2019].

Widlok, Thomas (2019): Anders teilen: Anders wirtschaften? In: Karl Braun/Claus-Marco Dieterich/Johannes Moser/Christian Schönholz (Hg.): Wirtschaften. Kulturwissenschaftliche Perspektiven. Marburg, S. 36–54.

Wilk, Richard/Cliggett, Lisa (2007): Economies and Cultures. Foundations of Economic Anthropology. 2. Aufl. Boulder.

Windmüller, Sonja (2017): Do it ... with Rubbish. Zum Wechselverhältnis von Do it yourself und Abfall(-diskurs). In: Nikola Langreiter/Klara Löffler (Hg.): Selber machen. Diskurse und Praktiken des „Do it yourself“. Bielefeld, S. 287–305.

Windmüller, Sonja (2013): Volkskundliche Gangarten – Bewegungsstile kulturwissenschaftlicher Forschung. In: Reinhard Johler/Christian Marchetti/Bernhard Tschofen/Carmen Weith (Hg.): Kultur_Kultur. Denken. Forschen. Darstellen. Münster u. a., S. 424–434.

Wohltmann, Hans-Werner (2018): Zeitpräferenz. In: Gablers Wirtschaftslexikon. URL: https://wirtschaftslexikon.gabler.de/definition/zeitpraeferenz-47057/version-270328 [30.09.2019].

Wolff, Eberhard (2019): Kulturelle Ökonomien von Selbsttests. Eine Erkundung diesseits und jenseits des „Unternehmerischen Selbst". In: Karl Braun/Claus-Marco Dieterich/Johannes Moser/Christian Schönholz (Hg.): Wirtschaften. Kulturwissenschaftliche Perspektiven. Marburg, S. 469–478.

Woll, Artur (2018): Klassische Lehre. In: Gablers Wirtschaftslexikon. URL: https://wirtschaftslexikon.gabler.de/definition/klassische-lehre-39468/version-262876 [09.102019].

Woltersdorff, Volker (2012): „All those beautiful boyz ... and criminal queers". Vom Erbe der Terrortunten. In: Andreas Pretzel/Volker Weiß (Hg.): Rosa Radikale. Die Schwulenbewegung der 1970er Jahre (= Edition Waldschlösschen, Band 12). Hamburg, S. 215–238.

Zinn, Alexander (2018): Aus dem Volkskörper entfernt? Homosexuelle Männer im Nationalsozialismus. Frankfurt am Main.

Veröffentlichte Quellen

Akademie Waldschlösschen (2019): Willkommen im Waldschlösschen. URL: https://www.waldschloesschen.org/de/philosophie.html [04.07.2019].

Anonym (2019): Facebook-Posting vom 26.06.2019 [Auszüge des Facebook-Postings befinden sich anonymisiert im Materialkorpus].

Castell, Gérôme (2007): Mütter und Töchter. In: Patrick Hamm (Hg.): Die Diva ist ein Mann: Das große Tuntenbuch. Berlin, S. 138–139.

DAS! (2019): Sendung NDR vom 13.05.2019. URL: https://www.ndr.de/fernsehen/sendungen/das/Norddeutschland-und-die-Welt,sendung899664.html [05.10.2019].

Der Kilo-Laden (2019): Der Kilo-Laden – top mode zu kilopreisen. Info. URL: https://de-de.facebook.com/pg/Der-Kilo-Laden-106496849505180/about/?ref=page_internal [13.06.2019].

Eisenhauer, Gregor (2007): Ein Nachruf auf Ovo Maltine. In: Patrick Hamm (Hg.): Die Diva ist ein Mann: Das große Tuntenbuch. Berlin, S. 102–105.

HAKI e. V. (2019): HAKI e. V. URL: www.haki-sh.de [04.07.2019].

Hamburger Abendblatt (2019): Das Lust-Imperium von Olivia Jones. In: Hamburger Abendblatt vom 21.07.2019. URL: https://www.abendblatt.de/vermischtes/promi-news/article226543259/Das-Lust-Imperium-von-Olivia-Jones.html [05.10.2019].

Hamm, Patrick (Hg.) (2007): Die Diva ist ein Mann: Das große Tuntenbuch. Berlin.

HomoWiki (2019): Hauptseite. Willkommen bei HomoWiki. URL: http://www.homowiki.de/Hauptseite [05.07.2019].

HomoWiki (2016): Tuntengesetz. URL: http://www.homowiki.de/Tuntengesetz [09.07.2019].

HomoWiki (2012a): Untunte. URL: http://www.homowiki.de/Untunte [14.10.2019].

HomoWiki (2012b): Wir werden in der Loge... URL: http://www.homowiki.de/Wir_werden_in_der_Loge... [25.07.2019].

Internet Movie Database (2019): RuPaul's Drag Race. URL: https://www.imdb.com/title/tt1353056/?ref_=nv_sr_2?ref_=nv_sr_2 [14.10.2019].

Käpt'ns Dinner (2019): Mit Michel Abdollahi und Olivia Jones, Sendung NDR vom 18.11.2017. URL: https://programm.ard.de/?sendung=28226386186589 [05.10.2019].

Kieler Nachrichten (2019): Olivia Jones und die ganz besondere Karaoke-Bar. In: Kieler Nachrichten vom 22.07.2019, S. 11.

Menschen bei Maischberger (2019): Homosexualität auf dem Lehrplan – Droht die moralische Umerziehung? Sendung Das Erste (ARD) vom 11.02.2014. URL: https://www.youtube.com/watch?v=C-s6Upe6DmdQ [05.10.2019].

Olivia Jones (2019): Bars/Clubs: Feiern mit Olivia Jones & Familie. URL: https://www.olivia-jones.de/ [04.10.2019].

Pride Festival (2018): Wahl der MISS*ter CSD 2018 – Finale. URL: https://www.pridefestival.de/events/wahl-der-misster-csd-2018-finale/ [25.07.2019].

Rose, Tania (2015): Dolly Parton turns 69 today, we round up 9 of her most career defining quotes. In: Metro – News...but not as you know it, 19.01.2015. URL: https://metro.co.uk/2015/01/19/dolly-parton-turns-69-today-we-round-up-9-of-her-most-career-defining-quotes-5027155/ [14.10.2019].

Rosemann, Daniel (2019): Queen of Drags. URL: https://www.prosieben.de/tv/queen-of-drags [19.09.2019].

RuPaul – the official website (2019): Shop. URL: https://rupaul.com/shop/ [14.10.2019].

Schlönzke, Margot (2017): Koch Talk 04 ganzes Video, hochgeladen auf YouTube am 20.04.2017. URL: https://www.youtube.com/watch?v=Qw3sYNnGTA0 [31.07.2019].

Schlönzke, Margot/Stecken, Ryan (2019): Online-Petition: Kein Foto für Heidi. URL: https://www.change.org/p/prosieben-kein-foto-f%C3%BCr-heidi [14.10.2019].

Schwestern der Perpetuellen Indulgenz im Tempel der nordischen Freude e. V. (2019): Herzlich Willkommen im Tempel der nordischen Freude. URL: http://www.nordschwestern.de/ [04.07.2019].

Travestie für Deutschland (2019): Über diese Website. URL: https://travestie-fuer-deutschland.org/ueber-die-tfd/ [04.07.2019].

Ethnographisches Material

Interviews – Übersicht der Gesprächspartner*innen

Drag-/Tunten-Name	**Pseudonym bürg. Name**	**Jahr-gang**	**Datum, Ort**	**Länge**	**Interview-ID**
Sanda Meer	Gabriel Schölle	1991	28.01.2019 Berlin	02:13:37 00:02:26	I 1.1/SM I 1.2/SM
Gaby Tupper	Florian Oltmann	1975	29.01.2019 Berlin	02:02:41	I 2/GT
Ivana Bendova	Manuel Stöver	1996	13.02.2019 Kiel	01:15:27	I 3/IB
Kördney Ehlichmann	Timon Hausfeld	1981	21.02.2019 Kiel	00:53:54	I 4/KE
Angelique van Klojten	Niklas Naber	1980	28.02.2019 Kiel	01:05:35 00:16:02	I 5.1/AK I 5.2/AK
Anonym	–	–	28.03.2019	00:31:40	–

Gesprächsdokumentationen zu allen Interviews

Mindmaps von allen Interviewpartner*innen

Informelles Gespräch mit Ivana Bendova am 10.01.2019, Kiel, 01:15:00

Wahrnehmungsspaziergang am 01.12.2018, Hamburg-St. Pauli, 17:00–20:00 Uhr

Teilnehmende Beobachtung am 29.01.2019, *Monster Ronsons's Ichiban Karaoke*-Bar, Berlin, 21:30–23:30 Uhr

Fördeblick –
Kieler Schriften zur Alltagskultur

BAND 1

Christine Bischoff (Hrsg.)

Auf See

Kreuzfahrten kulturwissenschaftlich betrachtet

2023, 2. unveränderte Auflage,
388 Seiten, br., mit zahlreichen, meist farbigen Abbildungen,
34,90 €,
ISBN 978-3-8309-4673-1
E-Book: 35,99 €,
ISBN 978-3-8309-9385-8

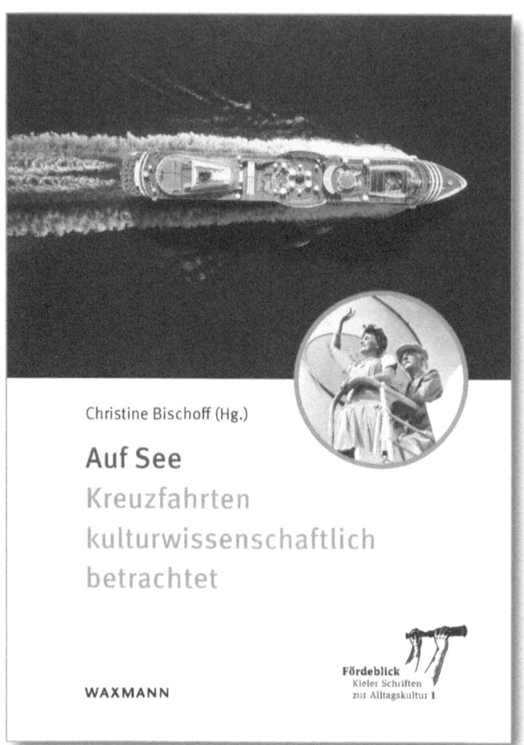

In See stechen, zu neuen Ufern aufbrechen, den Horizont erweitern – nicht zuletzt diese Versprechen haben zu einem anhaltenden Boom der internationalen Kreuzfahrtbranche geführt, die seit den 1990er-Jahren so schnell wie keine andere touristische Industrie wuchs.

Der Band betrachtet Kreuzfahrten nicht einfach nur als touristisches Phänomen. Die Beiträge, Ergebnis eines studentischen Forschungsprojektes, gehen den unterschiedlichen Dynamiken nach, die diese Reiseform in Bezug auf Fragen von Mythos und Geschichte, Ökonomie und Ökologie, Arbeitswelt und Technologie, Mobilität und (Über-)Tourismus, Medialität und Materialität, Globalität und Lokalität, Politik und Lebensstilen entfaltet.